KB142979

내가 사랑하는
철학자

내가 사랑하는 철학자

소크라테스에서 슬로터다이크까지

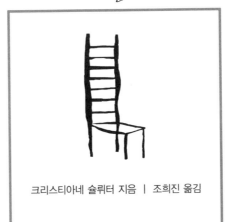

크리스티아네 슐뤼터 지음 ㅣ 조희진 옮김

말·글빛냄

"나는 생각한다, 고로 존재한다."

"우리를 이끌어온 서양철학의 발자취"

임마누엘 칸트는 나이가 들자 스스로 자신의 업적에 대해 이야기했다. 그는 다음과 같은 세 가지 질문이 항상 자신을 이끌어왔다고 말했다. "우리는 무엇을 알 수 있는가? 우리는 무엇을 해야 하는가? 우리는 무엇을 믿어도 되는가?"

이 세 개의 질문에 철학의 모든 것이 담겨 있다. 철학은 그리스어로 "지혜를 향한 사랑"이라는 뜻의 학문이다. 결코 무미건조한 이론을 이리저리 따져보는 것이 아니다. 또한 이론을 통해 전달된 지식 자체가 목적인 것도 아니다. 그것은 인간이 중심이 되는 세계를 더 잘 이해할 수 있도록 하는 학문이며 이러한 이해를 토대로 인간은 어떻게 행동해야 하는지를 인식한다. 그러므로 우리는 지식을 믿음, 희망과 구분할 수 있는 경계에 유의해야 한다.

이렇게 볼 때, 철학의 최고 목적은 실생활과 관련된 것이라고 할 수 있다. 소크라테스가 그 한 예이듯이 철학의 출발이 서재에서가 아닌 노상에서 이루어진 것이 바로 이런 이유에서이다. 반면 오늘날은 거리 대신 다양한 대중매체들이 나타났다. 그 속에서 많은 논쟁이 이루어졌고 그 한 예가 '슬로터다이크의 논쟁'이다.

이 책은 소크라테스에서부터 시작하여 슬로터다이크로 끝을 맺는다. 서양 철학자들의 사상의 본질과 저명한 인용문을 통해 철학을 이해하기 쉽게 소개하는 것이 이 책의 목표이다. 이해하기 쉽다는 의미는 불확실함을 없애서 이 책을 읽는 모든 사람들이 내용을 이해할 수 있게 한다는 뜻이다.

이 책에는 간혹 전문용어가 등장한다. 그러나 전체적인 맥락에서 이해하기 쉽게 설명했기에 독자들은 그 용어를 장애물로 생각하지 말고 새로운 지식을 얻는 것이라고 생각해 주길 바란다.

이 책은 오로지 서양 사상을 바라보는 관점으로 쓰여졌고, 그 외의 다른 어떤 평가도 하지 않는다. 이것은 철학에서 자각이 중요하다는 것과 그 맥락을 같이 한다. 우리는 어떻든 서양 사상사의 후손이다. 우리가 왜 그렇게 생각하는지, 어떻게 생각하는지를 이해하고 싶다면 서양 사상을 눈여겨보아야 한다. 우리는 이 책과의 여행을 통해 얼마나 많은 서양 사상이 오늘날의 우리의 삶, 우리의 지식, 행동 그리고 우리의 희망에 영향을 끼치고 있는지 확인하게 될 것이다. 실제로 이 책에 등장하는 모든 사상가들은 우리에게 무언가 할 말이 있다. 그럼으로 그들에게 말할 기회를 주자.

크리스티아네 슐뤼터

|20세기| 아무것도 과거와 똑같지 않다

중요한 출발 :
그리스 로마 철학

세상은 질문을 던진다

최초에 신화가 존재한다. 그리스인들은 모든 다른 민족과 마찬가지로 신화를 통해 "세상의 기원에 대한 질문" 그리고 "세상 안에서 작용하는 힘"에 대한 질문의 답을 탐구했다. '신화'는 말, 연설, 이야기를 의미한다.

하지만 언제부터인가 이야기만으로는 충분하지 않았다. 그래서 그리스인들은 BC 6세기 중반 무렵부터 세상을 설명하기 위해 합리적이고 이성적인 원칙을 찾기 시작했다. 이때 소크라테스 이전 철학자들이 나타난다. 그들은 위대한 소크라테스(BC 약 470~399)보다 앞서 활동한 철학자들로 철학을 성립시키는 중요한 개념들을 만들어냈다.

소크라테스 이전의 철학자들은 최초의 기원에 대한 질문에 몰두한다. 그들은 우주의 배열 원칙인 수에 대해 깊이 생각하고, 세상에는 네 가지 요소인 물, 땅, 불과 공기가 서로 싸우고 융합한다고 주장했다. 그들은 또한 세상을 존재하게 하는 것이 무엇인지를 묻는다. 즉 '존재'에 대해 질문한 것이다. 존재Sein라는 개념은 존재하는 것, 실재하는 것이라는 뜻의 그리스어인 tò ón에서 유래된 것이다. 이 개념은 앞으로 우리가 자주 접하게 될 것이다.

이탈리아 남부 엘레아 출신의 파르메니데스(BC 약 540~470)에게 있어서 존재라는 개념은 세상을 충만시키고, 현상의 다양성의 기초가 되며, 시대를 초월한 변치 않는 원칙이다. 존재는 감각을 통해 인식될 수 있는 것이 아니라 숙고를 통해서만이 가능하다.

이와 반대로 에페소스의 헤라클레이토스(BC 약

550~480)는 따뜻함과 차가움처럼 반대 개념에 대한 역학에서 생겨나는 변화를 강조했다. "모든 것은 흐른다", "우리는 똑같은 강물에 두 번 들어갈 수 없다"라는 말은 그의 널리 알려진 명언이다. 물론 그는 변화 뒷면의 일관성 있는 원칙인 '로고스'를 인식하고 있다. 변화하는 자연 속에서 하나의 지주(支柱)로 주어진 법칙인 로고스를 우리는 인식해야 한다. 그리스어로 로고스logos는 말, 사물, 관계, 이성을 의미한다. 이것은 서양 사상사의 중요한 개념이다. 예수 그리스도가 요한복음에서 '하나님의 말씀'을 언급했다면, 그리스 원문에는 로고스가 있다.

그리고 마침내 BC 5세기에 자신의 강의에 수업료를 받은 현명한 순회 교사인 소피스트들이 등장한다. 그들은 대답하기 난처하고 곤란한 질문들을 던졌다. 객관적인 진리와 정의가 있는가? 신들은 하늘에 투영된 인간의 감정이 아닌가? 세상이 불행하다는 것은 정의가 존재하지 않기 때문이다, 우리는 무엇이 올바른 것인지 어떻게 아는가?

아브데라 출신의 프로타고라스(BC 약 480~410)는 객관적인 척도는 인식할 수 있는 것이 아니므로 각각 스스로 결정해야만 한다고 주장했다. 그래서 유명한 명언처럼 인간은 "만물의 척도"가 되는 것이다. 그러나 객관적인 척도는 정당한 것을 표면상으로만 상대화시키고 인간의 주관적인 결정에 모든 것을 맡기기 때문에 소피스트들은 동시대 사람들로부터 존경도 받지 못하고 개인적인 장점들까지도 의심을 받는 무신론 집단으로 받아들여지고 말았다. 오늘날에도 여전히 그들의 이름에는 불쾌한 여운이 남아 있다. 사람들은 소피스트를 사소한 것을 따지고 궤변을 늘어놓는 사람들이라고 격하시킨다.

그러나 우리는 무자비한 회의론자들에게 감사해야 한다. 소피스트들은 인간에게 자신의 사고 그리고 언어를 철학 속에서 주목할 수 있게 해 주었다. 그리고 그들은 모든 선입관에서 벗어나 과감히 가치와 도덕에 대해 질문한다. 앞으로 우리가 만날 소크라테스는 이러한 자아비판적인 태도를 기본으로 한다.

나는 내가 **아무것도 알지 못한다**는 것을 알고 있다

소크라테스
Socretes
BC 470?~BC 399, 그리스

아테네에서 출생한 철학의 시조로 세계 4대 성인 중 한 명이다. 자기 자신의 '혼(魂 psych)'을 소중히 할 것을 역설했으며, 자기 자신에게 있어 가장 소중한 것이 무엇인가를 묻는 방식으로 거리의 사람들과 철학적 대화를 나누는 것을 일과로 삼았다. 청년들을 선동했다는 죄목으로 고발되어 재판에서 사형을 선고받았다. 그의 재판과 옥중 및 임종 장면은 제자 플라톤이 쓴 철학적 희곡, 〈소크라테스의 변명〉, 〈파이돈〉 등 여러 작품에 자세히 그려졌다. 죽음을 평화스럽게 받아들이는 그의 태도는 중대사에 직면한 철학자의 진면목을 보여준다.

소크라테스는 책을 쓰지 않았기 때문에 그의 주변에 있던 몇몇 사람들이 그에 관하여 썼고, 그 글을 통해서 그를 알 수 있을 뿐이다. 소크라테스는 내면(영혼의 차원) 철학의 원조라 할 수 있다. 또한 자신에 대한 물음은 자기를 지탱하고 있는 보이지 않는 것(초월)에 대한 물음이라는 의미에서 형이상학의 시조라고도 할 수 있다. 당시 그리스 철학자들은 우주의 원리에 치중하였는데 소크라테스는 비로소 자신에 대한 물음을 던져 철학의 새로운 지평을 열었다.

우리는 소크라테스에게서 "지각은 자신을 인식하는 것"이라는 가르침을 배운다. 이 철학자에게 "참과 선을 인식한다는 것"은 "자아비판적 통찰을 통해 인식하는 것"을 의미한다. 그리고 그것을 인식하면 우리는 그것에 따라 행하지 않을 수 없다. 이것을 소크라테스는 말과 행동으로 입증했다.

아테네의 길거리에 나타난 수수한 옷차림의 소크라테스는 그를 지지하는 제자들에게 둘러싸여 소피스트들을 맹비난했다. 소크라테스는 아무것도 인식하지 못하는 거리의 사람들에게 말을 건네는 것을 좋아했다. 그는 행인들을 신과 세상에 대한 화제로 끌어들여 능숙하게 철학적 주제를 이야기해 나갔다. 그는 사람들이 선, 진리 그리고 그와 비슷한 가치를 지닌 것들의 중요성에 대해 아무것도 알지 못한다는 것을 시인할 때까지 끈기 있게 질문을 퍼부어 궁지에 몰아넣었다. 이로써 소크라테스는 그의 목적을 달성한 것이다. 이제 함께 진리 찾기를 시작할 수 있기 때문이다.

다행히 주로 부유한 제자들이 후원을 했으므로 소크라테

스는 가난에 시달리지 않았다. 하지만 숙련된 석공이자 세 명의 자녀를 둔 가장이 자신의 생업에 전념하는 대신 길거리 에서 '철학 행위'만 하는 것은 가정 생활과 부부 관계에 위 기를 불러올 수 있었다. 사실 소크라테스의 제자들이 소크라 테스의 아내에 대해 평하는 것과 달리 크산티페가 잔소리가 심한 악처였는지 아니었는지는 분명하지 않다.

소크라테스는 글이나 책으로 된 그 어떤 것도 남기지 않 았다. 그의 제자 플라톤은 완전히 정확한 것은 아니지만 소 크라테스의 대화식 설교 내용 중 많은 부분을 남겼으며, 그 중에는 아테네 재판소에서의 변호 연설(변론)도 있었다. 소 크라테스는 무신론을 주장하여 청소년들을 타락시켰다는 죄목으로 기소되어 사형을 선고받았다. 재판의 이면을 살펴 보면 소크라테스는 아테네 정당들 중 패배한 정당을 지지한 것이다. 소크라테스는 도주하지 않고 자신의 종말을 순순히 받아들였다. 그는 자신의 무죄를 주장했지만 결국 미나리과 의 유독 식물의 독으로 사망했다.

플라톤은 『변론』에서 소크라테스가 어떤 신념의 토대 위 에서 인식하는지를 잘 설명한다.

"이 남자는 현명한 것처럼 보이는 듯 했지만 실제로는 그렇지 않을 것이라 생각된다. 나는 현명하다고 믿고 있는 그에게 실제로는 현명하지 않다는 것을 증명해 보이려고 노력했다. 그런 까닭에 이제 나는 이 남자뿐만 아니라 많은 참석자와 적대 관계에 빠지게 되었다. 그리하여 나는 내 스스로 결론을 내렸다. 그 남자보다 내 자신이 더 현명하다는 것이다. 왜냐하면 우리 두 사람 중 어느 누구도 유용한 것을 모르고 있지만 이 남자는 '모르고 있으면서도 무언가 알고 있다'고 생각하고 있고, 그와 반대로 나는 '아무것도 모르고 있으며, 내가 무언가 알고 있다고 생각하지도 않는다'는 결론에 도달했기 때문이다. 나는 적어도 내 자신이 모르는 것을 알고 있는 것으로 생각하지는 않는 현명함을 이 남자보다 조금 더 가지고 있는 것 같다."

– 플라톤 『변론』

"내가 아무것도 모르고 있다는 것을 나는 알고 있다." 이러한 짧은 추론은 이렇게 전해지게 되었다. 소크라테스에게는 무지를 인식하는 토대가 있었기에 인식 탐색을 시작할 수 있었다. 그렇다면 인식이라고 하는 것은 정확히 무엇일까? 소크라테스가 그의 변론에서 근거로 한 델포이 신탁소의 비문에는 "너 자신을 알라"라고 쓰여 있다. 이것은 "네 자신과 영혼이 잘 할 수 있는 것이 무엇인지 알라"라는 뜻이다. 이에 상응하는 개념은 그리스어로 미덕, 유능함을 나타내는 areté이다. 미덕을 탐색할 때 영혼은 내적 신의 목소리인 양심을 따른다. 또한 우리에게는 양심 이외에 이성적인 통찰력이 있다. 이성, 로고스는 비판적 질문을 통해 위장된 지식을 뒤흔들어 진정한 지식으로 이끈다. 이렇게 영혼은 Eudäimonia를 얻을 수 있다. Eudäimonia는 행복이라는 뜻으로 여기에서 전음절인 eu는 항상 선(善)을 의미한다.

우리들의 지식과 행동의 두 가지 원천은 양심과 이성이다. 소크라테스는 오늘날까지도 양심과 이성을 통해 깨닫고 행동하는 본보기이다. 결정하는 사람은 이성적이고 논리적으로 결정의 이유를 밝혀야 한다. 사람들은 단순하게 자신의 양심만을 근거로 할 수 없기에 문제 제기를 피할 수 없다.

소크라테스에 따르면 선에 대해 잘 알고 있지 않은 사람만이 악을 행하기 때문에 선을 인식할 수 있도록 사람들을 이끌어야 한다. 그렇게 되어야만 각자는 자신의 영혼을 통찰할 수 있게 된다. 마주하는 대화 상대자는 능숙한 질문으로 사람들이 영혼을 통찰할 수 있게 한다. 산파의 아들인 소크라테스는 이러한 방법을 조산술, 산파술이라고 불렀다. 이것은 오늘날에도 교육학적으로도 이상적인 방법으로서 효과적으로 사용되고 있다. 다른 사람에게 무언가를 가르치려고 이미 시도했던 사람이나, 다른 사람에게 무언가를 설득시키려고 했던 사람은 다른 사람이 스스로 깨달았을 때 가르침이나 설득이 가장 잘 이루어졌다는 것을 알고 있다.

소크라테스의 제자인 안티스테네스(BC 약 445~365)는 그밖에도 그리스어 '개'라는 뜻의 kýon에서 유래한 퀴닉학파(견유학파)의 기초를 세웠다. 소크라테스에게 있어서 검소함을 본받아 제자들도 보아란 듯이 검소하게 생활하면서 설교했다. 견유학파는 개처럼 생활했기 때문에 그들의 별명이 되기도 한다. 그들은 욕구가 없는 사람, 즉 예술, 학문, 고향이 없이 살아가는 사람이 가장 행복한 사람이라고 설파했다.

견유학파는 금욕주의 원칙을 선동한다. 오늘날까지도 견

유학파의 개념은 일반 규범, 가치와 예법을 무시하고 경멸
하는 행동을 의미한다. 한 예로 시노프 출신의 디오게네스
(대략 BC 324년에 사망)는 코린트 시에서 통 속에서 살았
다. 그의 소원을 들어 주려고 했던 알렉산드로스 대왕에게
그는 "앞에서 얼씬거리지 말라"고 대수롭지 않게 부탁했다.
알렉산드로스 대왕은 자신이 알렉산드로스가 아니라 디오
게네스였으면 좋았겠다고 말했다. 도발적인 그 무언가가 설
득력을 얻은 것이다.

동굴우화의 만담가

플라톤
Platon
BC 428?~BC 347?, 그리스

그리스의 철학자. 소크라테스의 제자로 그에게서 많은 영향을 받았다. 따라서 플라톤의 사상은 소크라테스의 연장이며 발전이라고 할 수 있다. 소크라테스의 죽음에 큰 충격을 받은 그는 정치가로서의 꿈을 버리고 정의를 가르치기로 결심한다. 키레네 학파로부터 이데아와 변증법의 기초를 배우고 피타고라스 학파에 접하여 실천적 정신과 실생활에 흥미를 느낀 뒤 자신의 독자적인 사상을 반성했다. 아테네 근교에 '아카데미아' 학원을 세워 교육에 전념하였으며 디오니소스 2세를 가르치기도 했다.

그의 철학은 서양관념론적 이상론의 태두로 그 제자인 아리스토텔레스의 현실주의와 함께 철학사에서 쌍벽을 이루고, 아카데메이아학파, 신플라톤주의를 거쳐 철학사에 결정적 영향을 주었다. 생전에 간행된 거의 30편에 이르는 저서는 현재까지 보존되고 있으며 1편을 제외하고는 모두가 일종의 희곡 작품으로서 여러 가지 논제를 둘러싸고 철학적인 논의가 오간 것이므로 〈대화편〉이라 불린다. 소크라테스를 중심으로 주로 "덕이란 무엇인가?"를 논한 〈소크라테스의 변명〉을 비롯해 〈향연〉, 〈국가론〉 등이 있다.

20세기의 영국 수학자이자 자연철학자인 알프레드 N. 화이트헤드는 서양 사상사는 "플라톤의 각주"라고 평가하고 있다. 실제로 우리가 왜 생각하고, 어떻게 생각하는지를 알고 싶다면 플라톤을 빼놓을 수 없다. 근대 이후 다른 사조의 영향력이 커졌다 할지라도 플라톤을 제외하고는 철학 사조를 논할 수 없다.

소크라테스의 제자인 플라톤은 아테네에 아카데미를 설립했다. 플라톤의 가르침의 중심에 있는 '동굴의 우화'처럼 그는 대부분의 저서들을 대화체로 작성했다.

"지하 동굴로 된 집에 사는 사람을 상상해 보라. 그리고 이 사람들이 어린 시절부터 그곳에서 살았다고 상상해 보라..."

– 『국가론』 VII, 1

이러한 광경은 인간의 인식 가능성을 나타낸다. 그러나 인식 가능성은 매우 한정적이다. 우리는 포로처럼 동굴에 앉아 벽을 바라본다. 우리 등 뒤로 물건들이 옮겨지고 불빛을 통해 우리 앞에 있는 벽에 그림자가 투사된다. 우리는 인식하는 것에 익숙하지 않다. 포로 중에서 한 사람이 풀려나 뒤를 돌아본다면 그는 불과 자신의 등 뒤로 옮겨졌던 물건들을 볼 것이다. 이것은 동물, 사람, 이 세상에 존재하는 모든 것의 형상과 모방들이다.

풀려난 포로가 동굴에서 나갈 수 있다면 그는 눈부신 햇빛을 볼 것이고, 동굴에서의 모방인 그림자를 투사한 세상의 실제 사물들을 볼 것이다. 그가 동굴로 돌아온다면 그는 다른 포로들에게 그들이 이제껏 보았던 것들이 실제가 아니라 희미한 빛에서 실제를 모방한 그림자라는 것을 설명할 것이다. 과연 다른 포로들은 그 사람을 믿을까? 그럴 것이다. 그리하여 인간, 즉 영혼은 그것 때문에 동굴 밖으로 나가려고 애쓸 것이다.

동굴 우화에서 포로가 자유롭게 되어 세상으로 나간 것처럼 우리들의 영혼도 우화에서 태양이 상징하는 곳으로, 다시 말해 최고의 이념인 참된 선이 있는 곳으로 올라가야 한다. 플라톤에게는 이것이 가장 중요한 것이었다. 우리가 우리의 감각으로 인지하는 것은 실제가 아니다(우화에서 나오는 것처럼 동굴 속에 있는 사물들의 그림자이다). 실제로 우리가 영혼으로 인지하는 것은 눈에 보이지 않는 이데아이다(우화에서처럼 햇빛 속에서 보이는 세상의 실제 사물이다).

이것을 이해하기 위해서는 오늘날 '이데아'가 의미하는 것을 잊어야 한다. 즉 인간의 정신 속에만 있고 추상적인 방법으로 책 속에 표현되어 있는 그런 이데아를 잊어야 한다. 플라톤에게 있어서 이데아는 인간의 정신과는 무관하게 존재하고, 유일한 것으로 실제 존재하는 것과 정반대의 것이다. 이데아의 독립성은 다른 말로 객관적이라고 말할 수 있다. 그렇기 때문에 플라톤의 체계를 "객관적 이상주의"라고 한다.

이데아만이 실재하는 것이며 영구불변한다. 다른 이데아들이 존속할 수 있게 하는 최고의 이데아는 바로 선의 이데아이다. 태양이 자신의 온기로 생명을 유지시킬 수 있게 하는 것처럼 선의 이데아는 다른 이데아를 존재하게 한다. 플라톤은 모든 존재하는 것만이 진실로 존재한다는 엘레아 학파의 가르침을 불변의 원칙으로 받아들였다. 태양이 자신의 빛으로 우리를 볼 수 있게 한 것처럼 선의 최고 이데아는 우리의 영혼이 다른 이데아를 인식할 수 있게 해 준다.

우리가 감각을 통해 인지하는 사물, 식물, 동물, 인간, 생명이 없는 물체는 어떠한가? 그들의 존재를 설명하기 위해 플라톤은 창조의 신을 도입했다. 물론 최고의 이데아는 모든 체계에 있어서 최고의 위치에 있기 때문에 창조의 신은 한 단계 아래에 있다. 창조의 신은 세계의 창조자demiurg라고 부르며 그리스어로 '수공업자'를 뜻한다.

창조자가 형태가 없는 질료를 이데아의 모상(模像)에 따라 만든다면 실재의 세계를 만드는 것이다. 예를 들어 동물 이데아가 있으면 여기에는 질료이면서 형태가 없는 살이 있다. 동물 이데아의 모상에 따라 질료인 살로 구체적인 동물을 만들어낸다. 각각의 동물들은 자신의 원형인 동물 이데아에 따라 만들어진 것이다. 우리는 영혼 속에서 언젠가 보았던 육신이 되기 전의 우리의 원형을 기억하기 때문에 육체의 존재가 동물이라는 것을 알고 있다. '상기(想起)'는 재기억이며 우리가 인식하는 모든 것의 토대가 되는 것이다(오늘날 상기를 통해 의사들이 환자의 병력에 대한 이미지를 갖는다).

물론 생각해낸 모상이 원형처럼 좋을 수는 없다. 질료로 만들어진 사물은 결코 순수 이데아만큼 완벽하지 않다. 이것은 또한 세상이 왜 불완전하며 고통으로 가득 차 있는지를 설명해 주는 이유이기도 하다. 모상의 세계를 인식하는 것에서 벗어나 영혼으로 이데아를 보는 것이 왜 중요한지를 동굴의 우화에서 경고하고 있다. 탄생 전 영혼으로서 이데아의 영원한 제국에 머물렀던 우리 모두는 우리 내부의 이데아를 기억하고 있고, 이데아를 다시 보고 인식하려고 한다. 이러한 인식에 대한 갈망을 그리스어로 에로스Eros라고 한다. 그 단어 안에는 그리스어로 '질문하다'라는 뜻의 동사 éresthai가 숨겨져 있다.

동굴의 우화는 『국가론』의 대화에 기록되어 있다. 플라톤에 의하면 군인들은 국가를 지키고 수공업자와 농부들은 생활필수품을 만드는 반면 철학자들은 최고의 인식자이기 때문에 국가를 이끌어야 한다. 플라톤이 이 주장에서(플라톤의 『법률』에는 장래의 국가 초안이 담겨 있다) 여성들도 남성들과 똑같은 이성을 가질 수 있도록 해야 한다고 한 것

은 흥미롭다(즉 여성들도 남성들과 똑같은 교육을 받아야
만 한다).

플라톤의 이데아론은 그가 죽은 후에도 변형된 형태이기
는 하지만 오랫동안 그 영향력이 컸고 기독교가 전파되었을
때에도 마찬가지였다. 플라톤의 이데아론은 기독교 신앙에
스며들어 오늘날까지도 우리의 사고에 많은 영향을 끼치고
있다. 이데아론의 장점은 우리로 하여금 더 높은 것을 찾게
하고 감각적인 것에 만족하지 않게 하는 것이다. 그러나 감
각으로 인지할 수 있는 세계를 경시하는 단점이 있다. 심지
어 육체에 관한 반감을 갖게까지도 한다. 순수한 정신적 사
랑을 "플라톤적, 플라토닉"이라고 하는 것은 바로 그 이유
때문이다.

인간의 죽음에 대해 "정신은 떠나가고 육신은 남는다"라
는 말은 정신, 이데아에 비해 질료와 육체를 평가절하하는
플라톤의 정신을 상기시키는 말이다. 이러한 견해는 기독교
정신에서도 수용되었다.

예수는 영혼에 비해 육체를 경시하는 것을 인정하지 않았
다. 구약성서에 따르면 영혼과 육체 모두를 신이 창조한 것

이다. 그러나 그리스의 종교적 소수파 출신인 유대인 사도 바울은 인간의 두 가지 존재 방식을 묘사하기 위해 다음과 같은 이분법을 사용했다. 즉 구원받지 못한 자는 육신에서 살고, 구원받은 자는 영혼에서 산다. 기독교는 수세기 후에 작은 유대 종파에서 출발해 고대 후기에 중요한 종교 단체가 되었고 플라톤의 관점을 인간과 세계에 통합시켰다. 다음의 설명은 그 사이에 단절이 있었음을 보여 준다.

AD 3세기에 기독교는, 특히 플로티노스(AD 204~270)가 우주의 무대로 발전시킨, 소위 말하는 신플라톤주의를 만난다. 우리가 플라톤에 대해 알고 있는 선은 신적인 특성을 가지고 있고 풍부하다 못해 넘쳐흐르는 존재의 힘을 소유하고 있다. 그것을 유출(流出)이라고 한다. 유출은 단계별로 이루어지고 각 단계는 최고 단계의 불완전한 모상이므로 존재도 적다. 첫 방출은 모든 이데아의 진수인 영혼이다. 다음 단계는 세계의 영혼이다. 세계의 영혼은 모두 다시 질료와 연결되어 있는 개별 영혼을 내포하고 있다. 개별 영혼은 제일 아래에 위치하고 있으며 존재 에너지를 소유하고 있지 않다.

영혼이 질료와 결합하면서 물체적인 세계가 생긴다. 이러한 영혼들이 선, 신성함을 다시 최고의 위치에 올려놓기 위해서는 질료에서 벗어나야만 한다. 이것은 쉬운 일이 아니다. 왜냐하면 질료 속에 갇혀 있게 되면 위로 향한 시선을 교란시키기 때문이다. 예술, 철학과 무아경의 황홀 속에서 영혼은 위로 날아오를 수 있다.

육체를 경시하고 영혼을 갈망한다는 점에서 그리스 기독교와 신플라톤주의는 유사하다. 그러나 이러한 위험한 유사성 때문에 기독교 사상가들은 신플라톤 학파와 투쟁을 한다. 신플라톤 학파는 인격체로서의 신 대신 신적인 하나님과 선에 대해 이야기하고, 창조 대신 유출에 대해 이야기하고, 영혼은 신에 의해 구원된다는 대신 선을 인식한다고 이야기한다.

교회사의 흐름 속에서 보면 신앙심이 깊은 사상가가 자신의 인식으로 신에게 접근하려고 하는 경우와 무아경으로 창조자로서의 신을 그의 창조물인 세상과 엄격하게 구별하는 것을 잊을 경우에 과거의 적의가 다시 분명해진다. 탐닉하는 신비주의자와 신과 세상을 하나로 생각하려고 노력하는 범

신론자들은 언제나 플라톤의 사랑받지 못한 다른 후계자들
을 생각하게 한다.

실재적인 것을 사랑한 사람

아리스토텔레스
Aristoteles
BC 384~BC 322, 그리스

학문과 자연과학의 창시자로 불리는 철학자. 자연학, 형이상학, 윤리
학, 시학 등이 그에게서 비롯되었다. 그리스의 스타게이로스에서 출
생했으며 17세 때 아테네에 진출, 플라톤의 학원(아카데미아)에 들어
가 스승이 죽을 때까지 그곳에서 공부를 하였다. 그 후 알렉산드로
스 대왕을 교육하는 등 여러 곳에서 연구와 교수를 거쳐 BC 335년
에 다시 아테네로 돌아와 리케이온에서 직접 학원을 열었다.

스승 플라톤이 초감각적인 이데아의 세계를 존중한 것에 대해 아리
스토텔레스는 인간에게 가까운 자연물을 존중하고, 이를 지배하는
원인들의 인식을 구하는 현실주의 입장을 취했다. 그러나 이 두 철
학자가 직접적으로 대립한 것은 아니다. 왜냐하면 아리스토텔레스는
스승의 철학에서 깊은 영향을 받아 출발하였고 뒤에 독자적인 체계
를 구축하는 데도 플라톤의 철학적 범주 안에서 이루어진 것으로 생
각되기 때문이다. 그의 사상적 특징은 경험주의와 궁극적인 근거에
까지 거슬러 올라가는 근원성, 지식의 전 부분에 걸친 종합성에 있
다. 지금 남아 있는 저작의 대부분은 당시의 강의노트이다.

철학 사학자들은 이 세상의 학문적 시작은 아리스
토텔레스와 함께 출발했다고 평가한다. 실제로 아리스토텔
레스는 연구 욕망에 사로잡혀 있었다. 그는 국가 헌법처럼
식물과 동물을 채집하고 묘사하고 비교했다. 그는 인간의 행
동처럼 별자리를 관찰했다. 그리고 많은 다양성을 조화롭게
일치시키는 철학 체계를 발전시켰다.

마케도니아 지방의 스타게이로스 출신인 아리스토텔레스
는 위대한 플라톤의 제자이며 알렉산드로스 대왕이 왕자였
을 때 가정교사였다. 아테네에서 그는 독특한 철학학파를 세
우며 그 학파의 제자들과 함께 나타나고 사라지는 것을 자주
했기 때문에 '소요학파', '배회자'라고 불렸다.

철학의 핵심 개념에 속하는 형이상학metaphysics은 아리
스토텔레스가 서술한 많은 문헌을 정리하면서 나타난 것이
다. 형이상학은 '세계'와 존재하는 모든 것을 존재하게 하는
'최상의 존재'에 대해 숙고하는 것을 의미한다. 이를 괴테의
표현을 빌어서 다음과 같이 말할 수 있다. 형이상학에서는
"깊숙이 세상을 결속시키는 것"을 다룬다. 플라톤의 하나,

선, 참된 현실로서의 이데아에 대한 가르침 또한 형이상학
이다.

형이상학은 그리스어로 "metà tà physiká"이며, 이를 번역
하면 "물리학 뒤에"라는 뜻이다. 아리스토텔레스의 저서를
편집한 고대 출판인은 형이상학적 테마를 다룬 저서들을 자
연과학 테마를 다룬 저서 뒤로 정리했다. 다시 말하면 형이
상학적 테마를 다룬 저서들을 그리스어로 자연이라는 뜻의
physis를 다룬 테마 뒤로 정리하여 형이상학이 metaphsics가
된 것이다.

아리스토텔레스의 형이상학은 아리스토텔레스를 자신의
스승인 플라톤과 뚜렷하게 구별하게 하며 그것을 근거로 우
리는 아리스토텔레스에 대해 알게 된다. AD 약 1510년 경
르네상스 화가 라파엘의 그림 「아테네 학당」에서 플라톤과
아리스토텔레스가 대화를 나누고 있는 모습을 볼 수 있다.
스승은 "이데아를 유념하라!"라고 말하려는 것처럼 하늘을
향해 손을 뻗고 있고, 이와 반대로 제자는 "실재적인 것을
잊지 말라!"라고 하면서 다양한 세상을 가리키고 있다.

플라톤에게 있어서 참된 현실은 유일하게 이데아뿐이며

▲ 플라톤과 아리스토텔레스

지구상에 실재적인 것은 모상이 원형과 관련된 것처럼 이데아와 관련될 때에만 존재한다. 이러한 관련이라는 개념의 그리스어는 méthexis이다. 그러나 아리스토텔레스는 그것을 달리 보았다. 그의 비판은 상당히 맹렬하다.

"이렇게 플라톤은 이제 실제로 존재하고 있는 것에 이데아라는 이름을 붙여 준다. 그러나 감각적인 것을 그는 이데아와 분리시키는 동시에 이데아에 따라 명명하기도 한다. 왜냐하면 플라톤에 따르면 이데아와 본질이 같고 그래서 이름도 같은 많은 것들은 이데아에 관여하는 것에 따라서만 실재적인 존재를 가지기 때문이다. 그 반면, 그 어떤 허용된 방법으로 개개의 사물이 이데아에서 기인된다는 것을 증명하는 것은 불가능하다. 이데아는 원형들이고 각각의 사물들은 이데아에 관여한다고 말한다면 이것은 내용이 없는 말이며 시적 문구 이외에는 아무것도 아니다. 게다가 사물의 실체가 이데아인 사물에서 실체를 분리시키는 것은 더욱 생각할 수 없다. 사물들의 실체인 이데아를 사물에서 어떻게 분리시킬 수 있겠는가?"
– 『형이상학』 I, 6과 9

이것으로 결정적인 차이가 설명되었다. 즉 아리스토텔레스에게 있어서 이 세상의 사물들에게 사물들의 실재, 즉 존재를 빌려준 것은 사물 자체 내에 있어야 하고 사물 저편 그 어딘가에 있어서는 안 된다. 그럼에도 불구하고 아리스토텔레스에게는 플라톤과 비슷하지만 다르면서도 서로 유화적인 영혼과 질료 사이에 이분법이 존재하고 있다.

아리스토텔레스는 플라톤의 이데아를 형상morphé으로 대체한다. 아리스토텔레스 또한 질료hýle를 알고 있다. 두 기본 개념을 바탕으로 하는 그의 체계를 질료형상설이라고 한다. 질료 속에는 실제의 존재가 가능성으로만 존재한다. 그것이 실제가 되기 위해서 형상에 힘이 추가되어야 한다. 소위 말하는 엔텔러키Entelechy, 즉 생명력을 형상은 질료와 연결시킨다. 이 개념 속에는 그리스어로 télos인 목적이라는 뜻이 숨어 있다. 아리스토텔레스는 목적론적으로 생각한다.

질료는 물론 비활성적이고 형상이 되는 것에 저항한다. 그렇기 때문에 점차적인 발전과 마찬가지로 세상의 불완전함이 있는 것이다. 아리스토텔레스는 모든 세계를 낮은 것 위에는 항상 높은 것이 있는 거대하고 목표 지향적인 형성

과정으로서 생각했다. 가장 아래에는 순수 질료가 있고 가장 위에는 우리가 이미 예감한 것처럼 아리스토텔레스가 신과 대등하게 취급하는 순수 형상인 목적이 있다.

여기서 신은 구약성서의 창조적 신이 아니라 플라톤이 이야기한 선의 이데아와 유사하다. 이러한 신은 순수 형상으로 자기 자신 속에 몰두하고 있기 때문에 세상에는 흥미를 가지고 있지 않다. 그는 자기 자신만을 생각하는 영혼이고 "움직이지 않는 원동자"이다. 생명력 덕분에 질료는 마지막 목표로서, 즉 목표들의 목표로서 그를 향해 매진한다.

아리스토텔레스가 실제적인 것을 근거로 두고 있다는 사실은 그가 인식을 묘사하는 방법에서 나타난다. 플라톤에 따르면 이데아의 재인식 속에 인식이 존재하며 이는 '위에서' 시작한다. 일반적인 것에서(이데아) 특별한 것을 추론해내는 이러한 논리적 귀결을 라틴어로 "아래로 이끌다"라는 뜻의 연역법이라고 한다. 기어다니고, 날고, 성장하고 여기 저기 놓여져 있는 모든 것을 수집하고 관찰하는 아리스토텔레스는 정확히 정반대 방향으로 진행되는 사고의 움직임, 즉 라틴어로 "안으로 이끌다"라는 뜻의 귀납법 이후 연역법에 대해 생각했다. 귀납법은 특수한 것에서 일반적인 것을 이끌어내는 것이며 아리스토텔레스는 학문적으로 귀납법에 비중을 더 두었다. 귀납법에 따라 많은 지식이 모아졌고 이것으로 연역할 수도 있다.

라파엘의 그림에서처럼 우리는 오늘날에도 아리스토텔레스로부터 인식은 항상 실재적인 것을 따라야 한다는 교훈을 배울 수 있다. 유일한 규범인 이데아의 다양성을 측정하고 규범에 예속시키려는 사람은 다양한 전개 방식으로 삶을 정당하게 평가하지 못할 것이다. 그러므로 우리는 고집 센 독단론자와 말수가 적은 광신도들에게 아리스토텔레스의 이론으로 항변할 수 있다.

출신지의 이름을 붙여 "스타기라 사람"이라고 불리운 아리스토텔레스는 중세기에 아라비아어의 번역과 대학의 성립으로 다시 각광을 받았다. 또 그는 중세 기독교 철학인 스콜라 철학의 권위자가 된다. 가시적인 것과 비가시적인 것, 물리학과 형이상학을 철인적(哲人的)으로 연계시키려는 그의 시도는 중세 신학자들에게 인지할 수 있는 세계를 근거로 삼으면서 신을 증명할 수 있는 기회를 준 것이다.

토마스 아퀴나스에게서 우리는 형상과 질료의 놀이, 최상의 목표인 신을 얻으려는 노력을 재인식할 수 있다. 무엇보다도 스콜라 학파의 신은 철학적 신뿐만 아니라 신약과 구약 성서의 신이기도 하다. 스콜라 학파의 신은 아리스토텔레스의 "움직이지 않는 원동자"와 유사성이 있고, 상(像)은 살아 있는 사람과 유사하다.

스토아 학파와 에피쿠로스 학파

스토아 학파

플라톤과 아리스토텔레스 이후 수세기 동안 정치적 · 정신적 세계는 지중해를 중심으로 철저하게 변한다. 알렉산드로스 대왕은 동방 원정을 통해 그리스 문화를 근동에 전파시킨다. 그리스 문화는 각각 지역적 · 문화적 요소들을 연계시킨다. 이렇게 해서 그리스 주도권 하에 다문화적 사회인 헬레니즘이 탄생되었다.

BC 323년 알렉산드로스 대왕이 죽은 후 거대 제국이 붕괴되고 로마가 지중해 문화권을 지배하기 시작했다. 로마는 자신들 나름대로 그리스 문화를 받아들여 활용했다. 이것으로 문화의 중심이 옮겨진다. 그리스인들은 우주의 원칙을 이해하려고 하며 선이기도 한 미에 도달하려고 했다. 반면 로마인들은 냉철하며, 대부분 법학자이고 정치가이다.

냉철하고 엄격함은 그리스 고전 양식에 따라 가장 중요한 철학적 사조의 이름인 스토아와 연계된다. 이 이름은 그리스어로 주랑 홀을 의미한다. 그것은 아테네의 "다채로운 주랑 홀"에서 스토아 학파의 철학자인 제논(BC 약 336~264)이 학파를 세웠기 때문이다. 훗날 로마의 대표적인 인물은 AD 65년 네로의 강요로 자살을 한 세네카와 마르쿠스 아우렐리우스 황제(AD 121~180)가 있다.

스토아 학파의 철학자에게 있어서 인간은 유일하게 이성을 지닌 존재로 자연의 법칙과 조화를 이루면서 살아갈 의무가 있다. 이것은 도덕적으로 바르게 살며 악한 것을 피하는 삶을 의미한다. 그 밖의 모든 다른 것들은 중요하지 않다. 재산, 건강, 명예 이러한 것들은 스토아 학파의 철학자들에게는 아무것도 아닌 것이며, 이것으로 스토아 학파는 "금욕적"이고 "아무것도 아닌 것으로도 감동하는 평온"을 대신하는 말로도 쓰인다. 스토아 학파 철학자는 자신의 열정을 극복하고, 열정이 없고 냉담을 유지하려고 노력한다. 그는 그가 운명적으로 받아들이는 자신의 태도 이외에 그 어떤 것도 영향을 끼치지 못한다는 것을 알고 있다.

스토아 학파에게 지위의 상징은 중요하지 않기 때문에 그들은 그리스와 로마 사회의 계급적 사고를 일찍이 극복할 수 있었다. 스토아 학파의 철학자들은 세계주의적이고 인도주의적으로 사고하며 모든 인간의 평등을 설교하여 서서히 주도권을 갖는 기독교와 유사하다.

스토아 학파의 윤리는 영향력이 컸다. 스토아 학파의 철학자들은 점점 강해지는 기독교와 투쟁을 했지만 기독교 역시 금욕주의적 사고 방식을 받아들였기 때문에 스토아 학파의 윤리는 커다란 영향력을 가지고 있었던 것이다. 또한 인간이 가지는 의문에 설득력이 있는 답변을 하여 새로운 방향을 설정했다.

에피쿠로스 학파

스토아 학파 이외에 에피쿠로스 학파 또한 중요한 철학적

사조이다. 창시자인 에피쿠로스(BC 약 341~270)는 아테네
에 있는 자신의 정원에서 가르쳤다. 이것은 다른 사람들에게
그의 주저 없는 향락욕을 의심하게 하는 방식이었다. 로마인
인 호라티우스와 루크레티우스는 BC 1세기에 에피쿠로스의
가르침을 전파했다. 이들에 의하면 행복은 단순히 감각적인
향유에 있는 것이 아니라 이성에 이끌려 올바른 척도를 찾으
려고 노력하는 데에 있다.

　에피쿠로스 학파 철학자들은 스토아 학파 철학자들과 가
깝다. 단지 에피쿠로스 학파의 철학자들은 사회에 관심을 두
는 것이 아니라 개인에게 관심을 둔다. 쾌락이라고 하는 것
은 에피쿠로스 철학자들에게 있어서 육체적인 고통과 정신
적 불안으로 우울해지지 않는 즐거운 평정 상태이다(아타락
시Ataraxie[안정]는 스토아 학파의 아파티Apathie[무감정]와
차이가 있다). 그래서 에피쿠로스라고 불리는 것을 칭찬으
로 받아들일 수 있다.

중세 :
암울하지 않았던 시대

영혼을 관망한 신학자

아우렐리우스 아우구스티누스
Aurelius Augustinus
354~430, 타가스테

누미디아(북아프리카) 타가스테(지금의 알제리로 당시 로마의 속지)
에서 출생한 그리스도교 사상가. 카르타고 등지에서 유학하고 수사
학 등을 공부하여 당시로서는 최고의 교육을 받았다. 19세 때 키케로
의 〈철학의 권유〉를 읽고 지적 탐구에 강렬한 관심이 쏠려 '선악이원
론'과 '우주론'을 주장하는 마니교로 기울어졌다. 그 후 신플라톤주
의에서 그리스도교에 이르기까지 정신적 편력을 하였다.
384년에 주교 암브로시우스를 만나 그리스도교로 개종하였으며
395년 히포의 주교가 되어 많은 저작을 발표하여 신학사상가로 이
름을 떨쳤다. 그는 고대 문화 최후의 위인이었으며, 동시에 중세의
새로운 문화를 탄생하게 한 선구자였다. 오늘날까지 읽히는 〈고백록〉,
〈삼위일체론〉, 〈신국론〉 등이 있으며 그의 사상은 단순한 이론을 위
한 이론이 아니라 참된 행복을 찾고자 하는 활기 있는 탐구를 위한
것으로 인정받는다. 〈고백록〉의 유명한 구절 "주여, 당신께서는 나를
당신에게로 향하도록 만드셨나이다"가 그 체험을 통하여 찾아낸 결
론이다.

"당신께서는 당신 스스로를
위해 우리를 창조하셨으니,
우리 마음이 당신 안에서 안식
을 얻기까지 우리의 마음은 평온
함이 없나이다."

－『고백록』I, 1

아우구스티누스의 인생의 첫 1/3은 평온하지 못했다고 말
할 수 있다. 우리는 그의 사고를 통해 정신 생활에 대한 관심
과 내향성을 어떻게 형성할 것인지 발견할 수 있다. 아우렐
리우스 아우구스티누스는 AD 354년 북아프리카 타가스테
에서 태어났으며 카르타고와 밀라노, 로마에서 수사학 학생,
교사와 교수로서 생활했다. 10년 동안 사랑하는 여인이 있
었고 그녀와의 사이에서 아들 하나를 두었다. 하지만 그는
그의 어머니 등쌀에 그녀를 쫓아낸다. 훗날 성녀가 된 어머
니 모니카는 출세에 유리한 약혼을 아우구스티누스에게 강

요하지만 아무런 도움이 되지 못했다.

오랫동안 아우구스티누스는 점점 더 필사적으로 인생의 의미를 찾았다. 그는 386/387년에 기독교로 개종한 뒤 북아프리카로 돌아가 히포의 주교가 되고 자신의 저서를 통해 가장 영향력 있는 교부(敎父), 즉 "서양의 스승"이 된다. 『고백록』에서 그는 자신이 밀라노에서 경험한 불안에 대해 어떻게 했는지를 서술했다. 그는 자신의 죄 많은 삶에 절망하며 정원에 앉아 있을 때 "그것을 받아서 읽으라!"라는 어린아이의 음성을 듣는다. 그는 성경을 받아들고 계속 읽는다. 그가 읽기를 멈춘 곳은 "로마인에게 보내는 서신"에서였다. 그것이 결정적인 순간이었다.

> "당신께서는 나를 당신에게로 귀의하도록 하셨습니다."
>
> ─『고백록』 VIII, 12

아우구스티누스는 왜 신을 구하고 찾는 것을 『고백록』에서 그렇게 묘사했을까? 자아성찰과 신에게로 가는 자신의 길을 고찰하려는 갈망은 그의 인간상에서 나타난다. 그에게 있어서 인간은 그가 수년 동안 신봉했던 신플라톤 학파처럼 불완전한 신적 존재의 일부가 아니라 육체와 영혼을 지닌 신의 피조물이다. 인간이 신을 찾고자 한다면 어디에서 찾아야만 할까? 우주에서가 아니라 자신의 영혼에서 찾아야 한다. 아우구스티누스는 다른 구도자들에게 길을 제시하기 위해서 고백록을 서술했다. 그는 자신의 안을 들여다보고 자신의 내부에서 과거 신에 대한 불신, 신으로부터 선물 받은 믿음과 그 사이에서 존재하는 불신과 믿음의 전개 과정을 찾는다.

> "그러나 나는 나의 신이자 주인이신 그 분의 은총을 어떻게 간구해야 하는가? 내 자신이 그의 은총을 간구한다면 내 자신 안으로 들어가서 그를 불러야 하기 때문이다. 나의 신이 내게로 오시는 그곳의 이름은 무엇인가? 나의 영혼의 집이 좁다면 넓혀라. 그러면 그것은 당신의 집이 될 것이다."
>
> -『고백록』I, 2와 5

내면 관찰을 강조하는 것에는 중요한 전철이 있다. 피상적인 교의에서 벗어나 믿음이 있는 영혼을 회상하는 것에 있어서 아우구스티누스는 이러한 회상의 정신적 아버지이다. 프로이트에게 무의식을 발견하게 한 영혼의 심연에 대한 관심. 아우구스티누스는 그 영혼의 심연에 관심이 있다.

"보아라, 기억 속의 자유로운 광야, 인공 동굴, 수많은 종류의 그림들로 가득 찬 무수한 동굴들 속의 이 모든 것들을 나는 고찰하고 훑어보고, 내가 할 수 있을 만큼 멀리 여기저기로 나아가지만 어느 곳에도 끝은 존재하지 않는다."

– 『고백록』 X, 17

자기를 증언하는 기록이자 현대 문학 장르인 자서전이 인간에게 종교적 자성의 물결이 일고 있을 그 시점에 독일에서 나타났다는 사실은 매우 흥미롭다. 17~18세기의 경건주의에서 신자들은 아우구스티누스처럼 다시 태어나고 신에게 가는 길을 성찰한다.

신자들에게 있어서 신은 마음의 주인일 뿐만 아니라 역사

의 주인이기도 하다. 아우구스티누스는 역사를 두 제국, 즉
신의 제국과 악(지상)의 제국의 싸움의 장으로 보고 있다.
신의 제국civitas Dei(신의 도성)의 건설로 싸움의 승부가 결
정 나게 된다. 역사는 이러한 싸움의 과정이며 아우구스티누
스는 소위 '역사신학'을 구상한다. 아우구스티누스 이후의
많은 사상가들은 역사의 흐름을 하나의 선하고 끊임없는 목
표로의 전진으로 이해한다. 현대에 들어 조지 W. 부시 미국
대통령은 '악의 제국'이라는 말을 사용했다. 그러나 그는 아
우구스티누스를 읽지 않은 것이 확실하다. 하지만 표현 방법
을 이용한 것을 보면 아우구스티누스가 오늘날까지 얼마나
많은 영향을 끼치는지를 알 수 있다.

『신국론』은 아우구스티누스의 가장 중요한 책이다. 또 다
른 책은 의지의 (부)자유에 관한 책이다. 원죄에 의해 인간
들에게 의지의 즉흥성이 남아 있다 할지라도 인간은 스스로
신에 대한 믿음과 사랑을 결정할 수 없다. 자기 자신에게 집
착하고 오만하며, 욕망을 추구하면 사람은 신이 교화의 은총
을 베푸는 것에 의존하게 된다. 이러한 자비의 은총을 근거
로 아우구스티누스는 말한다.

"사랑하라. 그리고 네가 원하는 것을 행하라."

-『첫 번째 요한서신 7, 8에 대한 설교』

이 문장은 자기 멋대로 하라는 것이 아니다. 죄 많은 방법으로 자기 자신을 사랑하라는 것이 아니라 신과 신 안의 이웃을 사랑하라는 것이다. 이것은 모든 도덕적 행위의 근본이다. 그러나 모든 인간들이 신의 자비의 은총을 경험하는 것은 아니다. 아우구스티누스는 신의 예정에 대해 언급했다. 즉, 신의 제국에 누가 속하고 누가 속하지 않는지 결정하는 신의 비밀스런 의지에 대해 언급한 것이다. 이러한 주제는 악은 어디에서 생겨나고 신은 왜 그것을 차단하지 않는가라는 질문과 관련이 있다. 아우구스티누스는 명확한 대답을 하지 않았다. 훗날 이러한 신정론(신의 정당성에 대한 질문)에 대한 질문을 라이프니츠와 볼테르가 하게 된다.

아우구스티누스는 430년에 사망했다. 같은 시기에 히포의 반달족은 민족 이동을 하여 북아프리카에 도달했다. 우리도 그 발길을 따라 북쪽으로 이동하여 철학을 살펴보자.

신앙을 이해하는 철학

스콜라 철학

🐝**시대와** 장소를 훌쩍 건너 뛰어 우리는 이제 11세기에 있고, 알프스 남쪽으로 프랑스, 독일, 영국과 아일랜드에 있다고 생각하자. 철학 사상사는 이제 특히 신부들이 신학적 지식으로 무장한 대성당과 수도원, 신학교에서 이루어진다. 스콜라 철학은 이름이 말해 주듯이 이 신학교의 가르침이다.

기원후의 교부들은 신의 삼위일체, 예수 그리스도와 같은 신인(神人)을 교의로 이해하려는 것에 몰두한다. 그러나 스콜라 철학자들은 다르다. 이들은 인간적 이성에 대한 교의를 항상 새롭게 설명하고 논증해야만 한다. 그리고 세상에 대해 점점 늘어나는 지식 —아라비아와 유대 사상가들에 의해 중유럽으로 넘어오고 새로운 문제 제기에 적응된 철학에 대한 지식— 을 고려하여 설명하고 논증해야만 한다.

사람들은 대화, 문답, 공개 논쟁을 통해 설명하고 논증한다. 그렇기 때문에 스콜라 철학자들의 저서들은 재치 있는 즉답으로 이루어져 있다. 유명한 초기 스콜라 철학자인 피에르 아벨라르(Pierre Abélard, 1079~1142, 여제자 엘로이즈 Héloïse와의 불행한 애정 관계도 역사에 남는 이야기이다) 모델에 따라 논쟁은 주장, 반론, 해답의 세 단계를 거쳐 이루어진다.

또다른 유명한 초기 철학자인 캔터베리의 안셀무스 Anselmus는 신앙과 이성과의 관계를 스콜라 철학이 잘 나타내 주고 있다는 것을 보여 준다. "스콜라 철학의 아버지"라고 불리는 안셀무스는 1033년 또는 1034년 이탈리아 아오스타에서 태어났다. 어린 나이에 그는 노르망디의 베크에 있는 베네딕트 수도원에 들어가서 수도원장이 되고 1093년에는 영국으로 가서 마침내 캔터베리의 대주교로 임명된다.

그러나 영국의 서임권 분쟁, 즉 수도원장과 주교의 보직 임명에서 비종교자와 종교자들 사이에 권력 싸움이 한창이어서 그는 직무 수행이 어려웠다. 결국 이탈리아로 추방되고 그곳에서 1109년에 사망했다. 그는 신학과 관련해 여러 가지 업적을 남겼다. 1077~1078년 베크에서 그는 자신이 처한 상황에 대해 다음과 같은 기록을 남겼다.

"주여, 나는 당신의 높은 위치까지 올라가려고 하지 않습니다. 어떻게 내가 나의 오성을 당신의 오성과 견주려 하겠습니까! 그러나 나는 나의 마음을 신앙과 사랑 속에 감싸는 당신의 진실을 조금이라도 알고 싶습니다. 나는 믿기 위해 인식하려는 것이 아니라 인식하기 위해 믿는 것입니다credo, ut intelligam. 나는 내가 믿지 못하면 인식하지 못할 것이라는 것을 믿습니다."

－『프로슬로기온』 1장

"알기 위해서 믿는다." 안셀무스의 아우구스티누스로부터 받아들인 이 문장은 유명해졌다. 안셀무스는 지식이라고 하는 것은 믿음 속에 뿌리를 내려야 한다고 말한다. 사랑하는 사람, 사랑받는 사람들은 알고 싶어하고, 알고 싶어하는 욕망은 믿음에서 온다. "Fides quaerens intellectum: 신앙은 이해를 추구한다." 안셀무스는 자신의 저서 『프로슬로기온』의 제목을 그렇게 쓰려고 했다.

그렇다면 어떠한 지식을 다루는 것인가? 신이 있다는 것에 대한 증거이다. 우리는 아래와 같은 논거로 이성적으로 인식을 추구한다.

신자들은 신을 그 어떤 위대한 것과도 비교할 수 없는 존재로 생각한다. 무신론자들도 이러한 문장을 이해한다. 그러므로 신을 믿지는 않더라도 무신론자들의 마음속에도 신이 존재한다는 것이다. 이러한 위대한 신이 인간의 마음 속에만 존재한다면 위대한 신이 아닐 것이다. 마음 속뿐만 아니라 현실에서도 존재하기 때문에 위대한 것이다. 신은 마음 속과 현실 속에 틀림없이 존재한다.

안셀무스는 여기에서 신의 존재를 증명하기 때문에 이러

한 신의 증거를 존재론적 증거라고 한다(그리스어로 존재라는 뜻은 tò ón이다. 우리는 이후에 신을 증명하는 것을 데카르트 편에서 다시 접하고 칸트에서도 만난다. 칸트는 신을 반박한다). 안셀무스와의 동시대 사람인 수도승 고닐로 Gaunilo는 안셀무스대로라면 모든 것을 다 증명할 수 있을 것이라고 비판했다. 심지어는 행복한 사람들의 멋지고 완벽한 삶도 증명할 수 있을 것이라고 말한다. 여기에서 그가 안셀무스과 심하게 벌인 논쟁까지 살펴보는 것은 너무 자세하게 들어가는 것이다. 그러므로 신앙을 가진 영혼들이 안셀무스에게서 그들의 인식에 대해 얼마나 기뻐하고 자신의 신앙과 믿음을 위해 이러한 인식이 얼마나 도움을 주는지를 살펴보는 것이 더 나을 것이다.

"주여, 감사합니다. 감사합니다. 과거 당신의 은총으로 믿었던 것을 이제 당신의 계시를 통해 믿고 싶지 않더라도 당신의 존재를 알고 있습니다. 나는 그것을 즉시 해야만 합니다."

－『프로슬로기온』 4장

61

이 인용구는 중세 철학이 "신학의 하녀"로 간주되었다는 것을 분명하게 해 준다. 철학은 신자들이 인식하는 것을 도와 준다. 이러한 역할에서 벗어나면서 근대가 시작되었다.

안셀무스의 존재론적 신의 증명이 유일한 것은 아니다. "스콜라 철학의 아버지"인 안셀무스의 뒤를 이어 거대한 몸집의 이탈리아 도미니크 수도사인 토마스 아퀴나스(1224/25~1274)가 등장한다. 그는 몸집이 너무나 거대해서 책상에 앉기 위해 책상 판을 잘라야 했다는 전설이 있을 정도이다. 친절하고 솔직한 성격의 그는 "천사적 박사-천사 같은 학자"라고 불린다.

그즈음 대성당 학교를 출발점으로 파리에 대학들이 생겨났다. 파리와 이탈리아의 많은 도시에서 토마스는 강의를 했으며 매우 광범위한 저서를 남겼다. 저서에서 캔터베리의 안셀무스처럼 신앙과 이성을 다루었다. 그러나 안셀무스와는 달리 아퀴나스는 이성과 학문적 자매인 철학이 모든 신앙의 진실을 인식할 수 있게 한다고 믿지는 않았다. 그는 단계 모델을 선호했다. 감각과 자연적 이성으로 이해할 수 있는 세계 위에는 신의 삼위일체에 속하는 초자연적인 신앙의 진실 영역이 있다. 이 영역을 위해서는 신의 공현(公顯)이 필요하다.

신이 존재한다는 것을 아퀴나스는 부분적으로 자연적 이성 —가시적인 세상으로의 역추론을 통해— 으로도 인식할 수 있다고 주장했다. 도미니크 수도사인 아퀴나스는 안셀무스의 존재론적 신의 증명을 거부했다. 1267~1273에 저술한 『신학대전』에서 그는 5가지 자신의 증명 방법을 명백히 설명했다. 처음 네 개의 방법에서는 항상 현세의 현상의 첫 번째 원인을 신에 두고 있다. 세상은 움직이고 첫 번째 원동자가 있어야만 한다. 원인과 결과의 인과관계가 있기 때문에 첫 번째 원인이 있어야 한다. 다섯 번째 증명은 소위 말하는 목적론적 증명이다. 즉 첫 번째 원인을 논증하는 대신 아퀴나스는 세상 모든 것이 성장하고 발전하는 데에서 추구하는 목적으로 논증해 나간다.

"정신적으로 인식하는 존재가 틀림없이 있고, 모든 자연적 사물들은 이 존재로부터 자신의 목적에 따라 정돈된다. 이 존재를 우리는 신이라고 부른다."

–『신학대전』 III, 2번 문제, 3번 문제

여기에서 아리스토텔레스의 형상-질료 원칙을 인식할 수 있다. 물론 결정적인 차이가 있다. 신이 이 세상의 모든 사물의 첫 번째 원인이고 마지막 목표일지라도 신은 세상의 모든 사물 중에서 가장 완벽한 존재일 뿐이고 모든 사물과 어떤 식으로든 같다고 생각해서는 안 된다. 왜냐하면 신은 그들의 창조자이기 때문에 그들과 완전히 구분된다. 다른 한편으로 피조물이 신과 비슷할 수는 있지만 그것은 닮지 않음 속의 유사성이다. 우리 인간은 신과 비슷하기도 하고 그렇지 않기도 하다.

세상이 목적을 달성하려고 노력한다는 생각은 정신사에서 종종 나타났고 20세기 말 경 우주의 자기 조직화를 언급하는 뉴에이지 운동에서도 나타난다. 사실 이 세상의 생성은 방향을 잃지 않고 있다는 생각은 오늘날 더 이상 신의 증명이 있을 수 없다 할지라도 매혹적인 것이다.

神적 영혼의 불꽃

마이스터 에크하르트
Meister Johannes Eckhart
1260?~1327?, 독일

중세 독일의 신비주의 사상가. 튀링겐에서 독일 기사(騎士)의 아들로
태어났다. 청년 시절에 도미니크 수도원에 들어갔고, 파리대학에서
수학한 다음 1302년 수사(修士) 학위를 받았다. 그를 마이스터 에크
하르트라고 부르는 것은 여기에서 유래한 존칭이다. 1304년 도미니
크파의 작센 관구장, 1307년 보헤미아의 주교 총대리가 되었다.
한때 파리대학에서 강의도 했으나 1313년경 귀국하여 슈트라스부르
크와 프랑크푸르트 등지에서 생활하다가 쾰른에 정착했다. 당시에
가장 저명한 설교자의 한 사람으로 각광을 받았다. 만년에는 쾰른의
대주교 밑에 있으면서 이단적 설교를 했다는 이유로 재판에 회부되
어 유죄 선고를 받고 교황에게 상소하였으나 결말을 보지 못한 채
죽었다. 1329년 요하네스 22세가 그의 '26가지 명제'를 이단 내지
위험한 사상이라고 단죄한 까닭에 그의 저작물 중 오늘날 남아 있는
것은 일부에 지나지 않는다. 그의 사상에는 토마스의 영향이 두드러
졌으며 가장 큰 특색은 신비적 체험을 설교하는 데 있었다. 그는 신
성에 이르기 위하여서는 자신을 완전히 비울 것을 역설했다.

스콜라 철학은 아리스토텔레스가 아라비아의 학자를 통해 지식을 제공한 것처럼 세상의 지식을 사용한다. 여기에 언제나 눈을 감는 인간이 있다. 그 인간은 눈을 감은 채 신을 찾기 위해 자신의 내면을 돌아다닌다. 또 금욕주의적으로 모든 것을 포기하여 자유를 얻은 후에 자신의 경험을 쌓는다. 인간은 극단적인 자유와 종교의 직접적 체험에 오늘날까지도 매력을 느끼고 있다.

이러한 사람들을 신비주의자라고 부른다. mýein는 그리스어로 "눈과 입술을 다문다"라는 뜻이며 mýsterion은 직관적으로 경험하고, 오성을 수단으로 사용해 설명을 할 수 있는 비밀을 뜻한다.

스콜라 철학에 이어 인간의 영혼을 사로잡은 사조인 독일 신비주의의 가장 대담한 사상가는 마이스터 에크하르트이다. 도미니크 수도사인 그는 신학 석사로서 파리에서 수업을 하고, 1314년 슈트라스부르크의 수도원을 이끌어 나갔다. 주변에 있는 수녀원에서 독일어로 진행한 감동적인 설교 덕분에 에크하르트는 독일 신비주의의 머리와 심장이 된다. 그의 설교를 감동적으로 들은 수녀들은 설교를(비록 원본과

일치하지 않더라도) 기록으로 남겼다.

　그리하여 교단에서는 이 똑똑한 영재를 쾰른 대학 교수로 보냈다. 여기에서 그의 운명이 바뀐다. 1326년 쾰른의 대주교는 에크하르트의 독일어 설교가 신자들을 위험에 빠지게 한다고 주장하면서 종교재판에 소환했다. 독일어로 설교하는 사람은 다른 사람들의 머리와 마음에 도달하기 때문에 독일어 설교가 특별한 영향력을 가지고 있다는 것이었다. 에크하르트는 교황 칙서의 비판적인 문구를 26개로 줄였지만 결국 유죄 판결을 받았다. 그러나 그가 죽기 전 유죄 판결은 교황 칙서에 의해 무효로 선언되었다. 하지만 근대가 다시 에크하르트를 발견할 때까지 그는 오랫동안 잊혀져 있었다.

"신은 신과 함께 영혼 속에서 인식된다. 영혼은 이러한 현명함으로 자기 자신과 모든 사물들을 인식한다. 예수가 충만함과 감미로움으로 나타나고 영혼과 함께 하나가 된다면 영혼은 이러한 충만함과 감미로움과 함께 자기 자신 속으로, 자기 자신 밖으로 그리고 자기 자신과 모든 사물을 넘어서 온 힘을 다해 매개물 없이 최초의 기원으로 되돌아간다. 외적인 인간은 내면을 성찰하는 인간에게 죽을 때까지 종속되며 신을 섬기면서 항상 평화 속에 있다."

– 『설교』 I, 성전에서의 강론

영혼의 근원에서 신은 자신을 스스로 창조하고, 형언할 수 없는 장소에서 신과 영혼은 서로 나타난다. 이 장소가 영혼에 속하는지, 신에게 속하는지 아니면 신과 영혼은 하나이기 때문에 양쪽에 속하는지 더 이상 말할 수는 없다. 에크하르트는 '분출'이 발생하는 근원에 다양한 이름을 붙였다. 가장 유명한 이름은 "영혼의 불꽃"이다.

"나는 때때로 영혼 속에 존재하는 빛에 대해 이야기했다. 빛은 창조된 것이 아니며 창조할 수도 없다. 빛이 그 어떤 영혼의 힘과 합일하는 것보다 이 빛이 신과 더 합일한다는 사실을 나는 말할 수 있다. 그렇기 때문에 인간은 자기 자신과 모든 피조물과 등진다면 시간도 공간도 관련 없는 영혼 속 불꽃에서 합일이 되고 행복할 것이라고 나는 말할 수 있다."

– 『설교』 34

이 문구들은 에크하르트가 교회와 왜 그렇게 격렬한 문제에 부딪치는지 그 이유를 설명해 준다. 그는 영혼의 불꽃은 "창조되지 않은 것"이라고 주장한다. 다른 상황에서 그는 영혼의 불꽃을 "창조되었다"라고 하지만 세상에서는 "창조되지 않은 것"이라고 말한다. 신앙의 수호자들에게 날카롭게 경종을 울린 것이다. 그들은 피조물과 창조자 사이의 혼합을 결코 허용할 수 없는 것이다.

이 세상의 모든 사물들에 대해 금욕적인 포기를 의미하는 "집착을 버리는 것"과 모든 지식과 소망을 포기하는 것을 의미하는 '초연'을 통해 인간이 신과 어떻게 신비적 합일에 도달하는가는 다시 한번 생각해 볼 만한 가치가 있다. 확실히 하기 위해서는 마지막 것, 즉 초연을 글자 그대로 받아들여야 한다. 에크하르트의 초연은 오늘날 조화로움과 혼동되지 말아야 하며 이것은 자신을 놓아버리는 것과 관련이 있다.

그러나 이것은 지극히 현대적인가? 아니면 현대적이지 않은가? 모든 것을 놓아버린다! 모든 것을 포기하라! "너의 삶을 단순화하라." 그러면 우리가 일상 생활에서 의무감과 어려움에 직면할 때 유혹하듯이 나타나는 자유가 손짓을 한다. 에크하르트는 도달하지 못할 높은 수준으로 오늘날의 모든 심리 전략들을 없앨 계획을 세운다. 즉 아무것도 노력하여 얻지 말고, 아무것도 더 이상 원하지 말아야 하고, 신을 더 이상 인식하려 하지도 말아야 한다는 것이다. 물론 어느 누구도 자신을 속이지 말아야 한다! 에크하르트는 이러한 상태를 '자유'가 아닌 '결핍'이라고 부른다. 이것은 생활 방식과는 전혀 상관이 없고 오히려 포기와 관련이 있다.

> "인간은 아무것도 없이 있어야 하고, 신이 영향을 미칠 수 있는 곳이 되어서도, 그리고 그러한 장소를 가지고 있어서도 안 된다고 우리는 말한다. 인간이 자기 자신 속에 이러한 장소를 보유하고 있는 곳에서 인간은 차이점을 가지고 있다. 그래서 신으로부터 나를 자유롭게 해 달라고 빈다."
>
> –『설교』32

에크하르트는 신비주의적 경험이 실제적으로 어떻게 영향을 미치는지에 대해 고찰했다.『설교』1에서 영혼이 신과 합일이 되었을 때 외적인 인간은 인간 내부에 복종하게 된다. 융합의 경험은 세상에서 행하는 행위에 영향을 끼친다. 영혼은 신을 인식하는 것에 머무는 것이 아니라 영향을 미치기 위해 세상으로 되돌아오는 것이다.

그렇기 때문에 누가복음 10장 32절~42절을 자신의 의지대로 새로이 해석하면서 에크하르트는 신을 숭배하는 마리

아보다 근면하고 바쁜 마르타를 높게 평가한다. 이미 설명한
것처럼 에크하르트는 대담한 생각을 가진 사람이었다.

자주적인 사고 :
근대의 시작에서부터
계몽주의의 완성까지

철학과 리스본의 지진

🦋**근대의** 시작은 여러 번 예고되었다. 1492
년 아메리카 대륙이 발견되었고 세계의 상(想)은 변한다.
1517년 면죄부 판매에 반대한 루터의 반박문과 함께 종교개
혁이 시작되면서 개개의 신자들의 의미가 커졌다. 르네상스
는 그리스 고대 사상을 재발견하고 르네상스 인문주의는 개
인주의를 촉발시켰다.

동시에 영국과 프랑스는 자립하여 사회 질서와 힘의 분배에 대해 숙고하기 시작했다. 마키아벨리(1469~1527)는 자신의 저서 『군주론』에서 인간은 악하기 때문에 안정된 국가 제도를 위해 통치자의 권력 유지를 위한 모든 수단이 정당화되는 통치자의 상을 그렸다. 백년 후 영국의 토마스 홉스(1588~1679)는 국가를 "만인의 만인에 대한 투쟁"의 원초적인 상태를 막기 위해 개개의 인간들이 스스로 또는 합의에 의해 복종하는 괴물(리바이어던)로 표현한다.

　철학에서는 이미 오래 전부터 일반적인 것보다 개인적인 것을 강조하는 것이 논의되고 있었다. 이미 14세기 후기 스콜라 철학에서 윌리엄 오컴(약 1280년~1348년)은 과거 플라톤의 전통에 따라 참된 실재를 나타내는 이데아와 개념들은 단지 기호, 단어 또는 이름이라고 가르쳤다. 이것으로 과거 사조를 실재론이라고 불렀던 반면 새로운 사조를 유명론(이름이라는 라틴어 nomen에서 유래)이라고 한다.

　윌리엄 오컴은 "무적의 학자doctor invincibilis"라고 불린다. 초기의 자연과학도 실재의 세계를 이야기하는 것이기 때문에 유명론은 곧 확고한 위치를 차지하게 되었다. 철학은 이제 새로운 학문과 더욱 관련을 맺었고 신학과의 연관 관계는 점점 약해지기 시작했다.

이러한 현상은 르네상스에 이어 나타난 계몽주의(17세기와 18세기)에서도 볼 수 있다. 세계의 실재에서 연관성을 찾으려는 사상가들은 영국에서처럼 경험을 이용하지 않고 증명 방법으로 수학적인 방법을 취했다. 수학은 이성적인 방법이다. 왜냐하면 이성은 방법들을 제공하고 결과를 검사하는 비판적인 방식이기 때문이다. 여기에는 계몽주의를 절정에 달하게 하여 완성시킨 임마누엘 칸트가 1784년에 한 유명한 표현이 있다.

"계몽주의는 자기 책임으로 인한 미성숙의 인간이 그것에서 벗어날 수 있는 탈출구이다.... sapere aude! 이 뜻은 자신의 오성을 사용하는 용기를 가져라! 이다. 이것은 계몽주의의 구호이다."

－『계몽주의가 무엇인가라는 질문에 대한 답변』

바로크 시대의 위대한 철학자들은 수학에 바탕을 두고 철학을 한다. 바로크 시대의 대표적인 철학자들로는 프랑스인 데카르트(1596~1650), 네덜란드 출신의 스피노자(1632~1670), 독일인 고트프리트 빌헬름 라이프니츠(1646~1716)가 있다. 이들은 순수하게 철학자다운 방법으로 세계를 설명하려고 시도하기 때문에 합리주의자(이성이라는 뜻의 라틴어 ratio에서 유래)라고 부른다. 이들은 영국의 경험주의자(경험이라는 뜻의 그리스어 empeiria에서 유래)들과 대립한다. 경험주의자들은 합리주의자들과 달리 귀납적으로 대처하며 자연 현상을 관찰하고 실재적인 것에서 일반적인 법칙을 이끌어내려고 한다. 토마스 홉스도 이 부류에 속한다. 그 밖의 대표자로는 존 로크(1632~1704), 조지 버클리(1684/5~1753), 데이비드 흄(1711~1776)이 있다. 우리는 이 철학자들을 다음 장에서 만날 것이다.

우선 당시 철학이 역사적인 사건들과 어떻게 맞물려졌는지 그리고 어떤 영향을 받았는지에 대해 짧게 살펴보자. 먼저 하노버 출신의 라이프니츠부터 시작하자. "마지막 만능학자"로 불리는 그는 법학자, 신학자, 자연과학자, 역사학자이자 철학자이다. 그는 세상이 단자(고독한, 합일이라는 뜻의 그리스어 monás에서 유래)들로 이루어져 있다고 생각했다. 단자들은 점, 힘, 영혼과 개체를 의미한다. 처음에 단자들은 모두 똑같았지만 내부에 들어 있는 가능성들이 여러 가지 상이한 방법으로 전개되면서 각각의 단자는 세상에 대한 각자의 심상을 가지게 되었다.

단자들은 서로 접촉하지 않는다. "단자는 창문을 가지고 있지 않다"라고 라이프니츠는 말한다. 그 대신 신은 창조자로서 단자들이 서로 조화롭게 연결될 수 있도록 해 준다. 이러한 "예정의 조화"의 체계는 신이 그의 전지전능으로 이 세계를 이렇게 잘 만들었다는 것을 의미한다. 그렇다면 도대체 고통과 불행은 어디에서 온 것인지 묻게 될 것이다. 신정론에 대한 질문, 신의 정당성에 대한 질문에서 라이프니츠는 피조물은 창조자처럼 완벽할 수 없지만 자유 의지를 가지고 있다는 것을 제시하면서 답변한다.

독일 할레 출신의 철학자 크리스티안 볼프(1679~1745)는 이러한 생각을 완벽한 체계로 발전시켰다. '라이프니츠-볼프 체계'는 칸트가 등장하기 전까지 독일 계몽주의에서 지배적이었다. 지금의 세상 상태에서 세상의 완벽을 추론하

고 거기에서 신의 위대함과 자비를 추론하는 것은 흔한 일이
다. 자연의 아름다움을 노래하는 바로크 시대의 서정시는 이
러한 연관 관계에서 탄생된 것이다.

예정의 조화에 대한 믿음을 깨는 그 어떤 커다란 재앙이
일어나지 않는 한 모든 것은 잘 진행될 예정이었다. 그러나
1755년 11월 1일 리스본에서 지진이 일어나고 쓰나미가 포
르투갈의 해안 도시를 초토화시켰을 때 6만 명의 죽음에 직
면하면서 "최고의 세상"에 대한 믿음이 사라진다. 이 날은
유럽 역사상 변혁을 일으킨 날로 기록된다.

볼테르(본명 프랑소와 마리 아루에, 1694~1778)는 프랑
스 계몽주의자이고 독일의 합리주의를 독설적으로 비판한
철학자이다. 1759년 그는 『캉디드, 낙천주의자』를 집필했다.
이 책에서 볼프의 뜻을 따르는 늙은 스승이 재앙의 공포에
떨고 있는 청년에게 모든 저주에도 불구하고 이 세상이 최고
일 수밖에 없는 이유를 설명한다. 그런 후 그는 지진이 일어
나서 미신을 믿는 리스본 사람들에 의해 교수형에 처해지고
그의 제자들은 무자비하게 채찍질을 당한다.

"놀라고 당황하고, 감각을 잃고, 여기 저기 피가 나고 떨면서 캉디드는 말한다. '이러한 것이 최고의 세상이라면 다른 세상은 어떻겠는가?'"

— 『캉디드, 낙천주의자』

이제 합리주의자 르네 데카르트를 좀더 자세히 살펴보자. 왜냐하면 철학사에서 가장 유명한 관용 표현이 그에게서 나왔기 때문이다.

나는 생각한다, 고로 존재한다

르네 데카르트
René Descartes
1596~1650, 프랑스

근세 사상의 기본 구조를 처음으로 확립한 근세철학의 시조. 프랑스 중부의 관료귀족 집안 출신으로 생후 1년 만에 어머니와 사별하고 10세 때 예수회의 라 플레슈 학원에 입학해 베롱에게서 철학을 배웠다. 1616년 푸아티에 대학에서 법학을 공부했으나 학교에서 배운 학문에 불만을 품고 세상을 통해 배울 것을 결심하고 여행에 나섰다. 이후 네덜란드에 은거하여 철학과 자연학 연구에 몰두하였다.
근대 철학의 아버지로 불리는 그는 "나는 생각한다, 고로 존재한다"라는 근본 원리를 〈방법서설〉에서 확립했으며 이 확실성에서 세계에 관한 모든 인식을 유도했다. 세계를 몰가치적, 합리적으로 보는 태도를 '정신의 내면성'의 강조와 연결 지어 이원론이라 하였다. 이리하여 정신과 물체가 서로 독립된 실체로 세워지고 이 물심이원론에 의해 기계론적 자연관의 기초가 마련되었다. 1649년 스웨덴 여왕의 초청으로 스톡홀름을 방문했으며, 그곳에서 일생을 마쳤다. 〈방법서설〉, 〈기하학〉, 〈철학의 원리〉 등을 저술하였다.

데카르트는 자기 자신과 사랑하게 된 자신의 환상을 문제 삼았다. 또 더욱더 확신을 요구하기 위해 추정한 확신을 문제시한다. 이것을 데카르트는 우리에게 가르쳤다. 그리스 출신의 아르키메데스(BC 287?~212)는 일찍이 "나에게 고정된 한 점을 주면 나는 세상을 바꿀 것이다"라고 말했다. 거의 2000년 후 한 남자는 네덜란드의 한적한 곳에서 확고함을 약속하는 모든 것을 막 포기하려고 했다. 이것은 강력하고 용기가 있는 철학적 실험이었다. 1641년 데카르트는 이렇게 서술했다.

"이미 수년 전부터 어려서부터 내가 얼마나 잘못된 것을 진실로 받아들였고, 내가 훗날 그것을 기초로 한 모든 것이 얼마나 의심스러운 것인지를 깨달았다. 그렇기 때문에 학문에서 확실한 것과 지속적인 것을 성립시키려면 나는 근본적으로 인생에 있어서 모든 것을 변화시켜야만 한다고 생각한다."

-『제1철학에 관한 성찰』I, 1

데카르트는 이러한 의구심을 정화 원칙으로 승화시켰다.
그는 모든 검증되지 않는 것들과 믿을 수 없는 엉터리 기반
들이 사라지기를 바란다. 의구심의 폭풍이 이러한 것들을 날

려 버리고 세상을 바꾸는 것이 아니라 오성으로 목적을 달성하고 수학적 · 자연과학적 질서 속에서 이해되어야 하는 고정점을 찾게 한다.

신뢰할 수 있고 신학적이고 독단적인 규정에서 자유로운 학문을 하는 것을 데카르트는 오랫동안 꿈꾸어 왔다. 데카르트는 이성이 점차적으로 강조되고, 기하학의 법칙에 따라서 구축되고, 모든 학문과 예술을 통합하는 철학적 · 자연과학적 세계 인식의 이상이 생기는 시기에 태어났다.

오늘날 우리는 세상에 대한 이러한 관점이 정말로 있을 수 있다는 것을 알고 있고 물리학, 분자생물학, 심리학, 철학과 심지어 신학은 하나의 같은 것을 표현하기 위한 여러 가지 상이한 언어라는 것을 알고 있다. 우리는 이러한 언어의 다양성에 만족해야만 한다는 것을 예감한다. 왜냐하면 통일된 언어를 전제하는 세상에 대한 포괄적인 시선은 우리의 오성을 과도하게 요구하기 때문이다.

데카르트는 1628년 네덜란드로 가기 전까지 젊은 시절 장교로서 세상을 돌아다녔다. 그리고는 네덜란드에서 20년 넘게 타인의 눈에 띄지 않게 스스로 선택한 고독 속에서 지냈

다. 심지어 우편물은 가명 수신의 주소로 보내졌다. 이렇게
방해받지 않고서 오성의 도움으로 철학적 연구에 몰두했다.
물론 그는 오성에 관련될 경우 다른 사람들의 것에 대해서는
그렇게 중요시 여기지 않았다.

> "양식(良識)은 세상에서 최고로 잘 분배된 일이다. 사
> 람들은 누구나 생각할 수 있는 존재이기 때문에 다른 모든 것
> 에 만족하지 못하는 사람들은 일반적으로 그들이 가지고 있는
> 것보다 더 이상 많은 것을 요구하지 말아야 한다는 것을 알고
> 있다."
>
> - 『방법서설』 I, 1

인간은 자신에 대해 의심을 품지 않으려 한다. 데카르트
는 그러나 이러한 의구심을 매우 존중하며 이러한 의구심으
로 방법을 만든다. 인간적인 오성이 무엇을 해낼 수 있는지
그는 엄격하게 묻는다. 그는 세상의 모든 학문의 토대가 되
는 고정점을 발견하기를 희망했다.

그러나 고정점은 오랫동안 그 모습을 나타내지 않으려 한

다. 밀려오는 의구심에 다른 것에 대한 확실함이 흔들리기 때문이다. 다시 말하면 기억이나 시간적 · 공간적 인지와 같은 감각은 믿기가 어렵다는 것이다. 이 모든 것이 꿈을 꾸고 있는 것일까? 아니면 기만의 결과물들인가? 그러나 철학자들은 포기하지 않고 훌륭한 전략으로 고정점을 마침내 발견한다. 그 훌륭한 전략이라고 하는 것은 자기 자신의 행동, 의구심을 관찰하는 것이다.

철학자는 의구심을 가지고 있으면 존재하는 것이며 존재하지 않으면 의구심을 갖지도 않을 것이다. 의구심을 가지고 있으면서, 다시 말하면 생각을 하면서 그는 자신이 존재한다는 것을 경험한다. 주변의 모든 다른 것을 파괴한 후에 철학적 자아가 되돌아가는 구원점으로서의 사고가 나타난다.

"여기서 나는 발견하게 된다. 즉 그것은 생각(=의식)인 것이다. 생각은 나와 분리될 수 없다. 나는 존재한다. 그것은 확실한 것이다. 그러나 얼마나 오랫동안 존재할 것인가? 아마 내가 생각하는 동안에는 존재할 것이다."

－『제1철학에 대한 성찰』 II, 6

이러한 데카르트의 인식은 다음의 짧은 문구로 유명해졌다.

"나는 생각한다, 고로 존재한다(ego cogito, ergo sum)."

– 『철학의 원리』 I, 7

우리는 이 문구를 잘 알고 있다. 데카르트의 유명한 이 문구는 의구심으로 이루어진 끊임없는 추론의 결과물이다.

물론 우리는 이 명제에 대해 반박 질문을 할 수 있다. 데카르트는 '자아', '생각한다' 그리고 '존재한다'라는 개념들을 어디에서 갖게 된 것일까? 의구심을 사용하지 않고 이러한 개념들을 추측한다면 그는 비논리적인 것이다. 데카르트는 스스로 "생각하라, 고로 존재한다"라는 그의 확신을 보장하기 위해 다른 방법을 선택했다. 그는 신을 그의 보증인으로 삼았다. 생각하는 자아는 신의 심상을 자기 자신의 오성 안에서 찾는다. 신은 완벽하기 때문에 그에 대한 심상이 있을 뿐만 아니라 실제로 존재하고 있다. 그리고 신은 완벽하기 때문에 우리를 속이려 할 수 없다.

이러한 방식으로 자아는 다른 사물, 즉 생각하는 의식 이외에 질료, 육체, 사물과 같은 파악할 수 있는 다른 실체들이 있다는 판단을 믿는다. res extenss는 라틴어로 "연장된 실체"라는 뜻이며 데카르트는 암석과 식물뿐만 아니라 동물들도 여기에 속한다고 한다. res cogitans는 생각하는 실체라는 뜻으로 인간 자아는 이것들과는 기본적으로 차이가 있다. 연장된 실체를 어떠한 방법으로도 인간 자아로 끌어올릴 수는 없다.

우리는 오늘날까지 데카르트의 확신을 믿고 있다. 생각하는 실체 자체가 연장된 실체와 구분된다는 뜻은 세상이 정신(인간)과 질료(모든 다른 실체)로 나뉘어져 있다는 뜻이다. 생각하는 사람은 의지를 지니고 있는 주체이다. 연장된 사람은 기계이며 다른 사람의 행위의 객체이다.

인간은 동물 실험 등과 같이 자연을 사용하는 우리의 현대 세계를 그 속에서 재인식할 수 있다. 데카르트에 의해 주체 세계는 사용하고 연구하고 파괴하는 주체와 객체로 나뉘어지기 시작한다. 분열은 데카르트적 분할이라고도 한다. 20세기 환경보호 운동은 바로 여기에서 시작한다. 환경보호 운동은 자연은 인간을 위한 객체 이상이고 자연이 고유의 가치를 지니고 있다고 강조한다. 또한 인간은 자연의 주체가 아니라 자연의 일부라고 강조한다.

1649년 가을, 오랫동안 스웨덴의 크리스티나 여왕에게 구혼을 받아온 데카르트는 스톡홀름으로 갔다. 그러나 그곳의 기후를 이겨내지 못하고 1650년 2월에 세상을 떠났다. 이 죽음은 그의 생각에 대한 메아리 같은 느낌을 준다. 다시 말하면 우리는 그의 의구심의 차가움 속에서 철학적 확신에 대한 뜨거운 열정을 느낄 수 있다는 것이다.

경험주의 경험으로의 인식

영국의 사상 체계는 섬나라의 양상인가? 대륙의 정치적 · 종교적 독립이 청교도주의를 통해 실용성 위주의 사고 방식을 갖게 한 것인가? 어쨌든 영국에서는 중세 말엽 이후 고유한 사고 방식이 발달했다. 대륙에서 이념, 사색(사색가라는 뜻의 라틴어 specultor에서 유래), 다른 말로 형이상학이 지배할 때 이전의 아리스토텔레스처럼 영국의 사상가들은 구체적이고 인지할 수 있는 세계에 의미를 부여했다.

이러한 사조를 경험이라는 뜻의 그리스어인 empeiría에서 유래한 empiricism, 경험주의라고 한다. 이러한 사조는 오늘날까지도 영국과 미국의 두 스타일이 독일처럼 그렇게 크게 부각되지는 않았지만 하나의 학문으로서 추진되었다. 이해하기 쉽게 서술하는 것은 앵글로색슨계의 사상가들에게 있어서 흠이 되지 않았다.

"빠른 이해력과 넓은 시각을 사람들에게 가르치기 위해 책을 출판한 것은 아니다.... 나는 사람들에게 미리 내 자신의 생각을 주장한 것과 내 뜻에 따르는 사람들에게 적합한 것 이외에 더 이상 기대하지 말 것을 경고한다.... 영리하고 성실한 사람들의 노력이 이상하고 허무하며 이해할 수 없는 말로 헛된 짐으로 억눌리지 않는다면 학문은 분명 진보했을 것이다."

－『인간오성론, 독자에게 보내는 서신』

이 자만에 가득 찬 기록의 저자는 자연과학자, 의사, 고위 정치가이자 철학자인 존 로크(1632~1704)이다. 그의 후원 자인 샤프츠베리 1세Shaftesbury I가 그를 고위 관리직에 등용시켰지만 두 번이나 유배를 떠나야만 했고 마지막 생애는 조용하게 영국의 한 농장에서 보냈다. 홉스처럼 그 역시 자유와 평등에 의해 만들어지는 행복한 자연 상태를 받아들였다. 그러나 인간들은 이웃 사람과 그들의 자산을 인정하는 자연법을 경시한다. 모든 사람들이 타인을 재판하는 재판관이 되지 않기 위해 인간들은 사회계약을 맺고 국가에게 입법과 행정을 위임한다. 국가는 자연법을 이행할 의무가 있다. 국가가 자연법을 무시한다면 개별자들은 이의를 제기할 것이다. 존 로크는 삶, 자유와 자산에 대한 법칙으로 인간 권리를 먼저 생각한 선구자이다.

그리고 그는 오성의 인식 가능성에 대해 묻는다. 예를 들어 데카르트와 다르게 그는 "인간은 '흰 백지' 또는 'tabula rasa(타불라라사: 정신의 백지 상태)', 즉 아무런 관념을 가지고 있지 않는 상태로 태어난다"고 정의한다. 경험을 통해서만이 비로소 두 종류의 의식, 즉 관념이 생겨난다. 한 종류는 단순 관념이며 두 번째는 복합 관념이다. 단순 관념은 우리의 외적인 경험과 의식의 자아 성찰의 모사이다. 정신은 그것을 받아들이지만 그것에 대해 아무것도 하지 않는다.

우리가 단순 관념을 서로 연계시키면 복합 관념이 된다. 연계 가능성은 무한하다. 그럼에도 불구하고 우리가 많은 복합 관념을 만든다 할지라도 단순 관념은 추가적으로 생겨나지 않는다. 다시 말하면 더 이상 현실, 실제는 아니라는 것이다. 물론 우리는 우리가 갖는 모든 외부적 인상을 받아들인다. 우리는 생각할 수 있는 것과 생각할 수 없는 것이 있다는 것 이외에는 실체에 대해 더 자세한 것을 알 수 없다.

아일랜드의 철학자, 신학자이자 주교인 조지 버클리(1684/5~1753)는 로크보다 더 평온한 삶을 살았다. 그는 미국까지 여행을 왔다. 캘리포니아의 대학도시인 버클리는 그의 이름에서 따온 것이다. 버클리는 "Esse est percipi-존재한다는 것은 지각되는 것이다"라고 말했고 이 말은 오늘날에도 마케팅 공식으로도 사용되고 있다.

"그러한 실체(사실적인 것)의 존재(esse)는 지각되는

것(percipe)이다. 생각하고 지각하는 실재의 밖에 실체가 존재
하는 것은 불가능하다."

– 『인간 지식의 원리론』 III

그 어떤 것도 지각되지 않는 것은 존재하지 않는 것이다.
우리의 지각 속에 있는 관념만이 존재한다. 질료는 존재하지
않는다. '인식론적 관념론'(플라톤의 '실재론적 관념론'과
구별된다)을 버클리는 신앙과 연계시켰다. 관념은 신의 정
신 속에 존재한다. 신은 우리에게 관념을 불어넣는다. 그래
서 모든 인간들은, 예를 들어 태양, 나무, 동물, 인간에 대해
같은 관념을 가지고 있는 것이다. 신으로부터 오는 관념은
실제로 개개인간의 정신의 관념을 뛰어넘는 영역에서 오는
것이다.

우리는 신의 경지에 도달하지 못하고 우리 지각의 한계에
사로잡혀 있기 때문에 인식하기 위해서는 경험에 바탕을 두
어야 한다고 버클리는 말했다. 사변은 전혀 도움이 되지 않
는다. 우리는 신이 우리에게 관념을 불어넣어 주고 서로 연
결시키는 법칙을 찾아야 한다.

앵글로색슨의 세 번째 계몽주의자인 스코틀랜드인 데이비드 흄(1711~1776)은 지각 가능성에 대한 질문에 더욱 단호하게 대답한다. 외적 내적 경험을 통해 지각한 것을 그는 인상impression이라고 명명했다. 상상 속에 그리고 기억 속에서 일어나는 것에 대한 상들을 'ideas', 즉 관념 또는 표상이라고 한다. 로크처럼 복합 관념도 있다. 이러한 복합 관념은 우리의 상상력이 도와준다면 단순 관념과 인상이 연결되어 생성된다. 예를 들어 두 가지 사건들의 연속성(첫 번째로 a가 오고 다음에 b가 온다)을 관찰하면 원인(a는 b의 원인이다)에 대해 상상할 수 있다. 그러나 이러한 복합 관념들은 항상 경험과 인상에서 생겨난다. 여기에서 흄은 형이상학을 조심스럽게 배제한다. 그리고 영혼적 욕구의 단순한 생산물로 설명하는 신도 배제한다.

습관만이 우리를 복합 관념으로 이끌어가기 때문에 우리는 결코 실체들이 어떻게 관련되어 있는지, 또 실제로 존재하고 있는지 알 수 없다. 그러나 의식 속에 나타났다가 사라지는 심상에 대한 불교적 관념이 남아 있다. 이러한 의식이 심상과 독립적으로 존재한다고 말할 수는 없다. 하지만 우리는 이것을 받아들여야 한다. 그렇지 않으면 제대로 가야할 길을 가지 못하기 때문이다.

임마누엘 칸트는 후에 데이비스 흄의 이러한 생각이 "독단적인 수면"에서 그를 깨웠다는 것을 알게 된다. 사실 흄은 우리가 우리의 환경을 이해하는 수단들을 날카로운 시선으로 이야기한다. 환경을 이해하는 도구들로는 인과관계의 심상, 유사성, 시간과 공간의 관계 등이 있다. 칸트는 훗날 이러한 것을 근거로 사상을 구축해 나간다.

칸트의 주장에도 불구하고 사변(思辨)하고 "실체 뒤에 있는" 세상을 찾으려고 하는 우리는 하나의 균형 세력으로 앵글로색슨계의 사상가를 받아들여야 한다. 그들은 우리에게 실체를 간과할 수 있도록 도와 주는 실용주의를 가르친다.

자연으로 돌아가라

장 자크 루소
Jean-Jacques Rousseau
1712~1778, 스위스

스위스 제네바에서 출생한 자연주의 사상가. 어머니가 루소를 낳다
가 죽자 아버지에 의해 양육되었다. 10세 때는 아버지마저 집을 나
가 숙부에게 맡겨졌으며 공장(工匠)의 심부름 등을 하면서 소년기를
보냈다. 16세 때 제네바를 떠나 청년기를 방랑 생활로 보냈는데, 이
기간에 바랑 남작부인의 집사로 일하면서 공부할 기회를 얻었다. 〈고
독한 산책자의 몽상〉을 쓰던 중 완성하지 못하고 파리 북쪽 에르므
농빌에서 죽었다. 그가 죽은 지 11년 후에 프랑스 혁명이 일어났는데,
그의 자유민권 사상은 혁명지도자들의 사상적 지주가 되었다. 1794
년 유해를 팡테옹으로 옮겨 볼테르와 나란히 묻었다.

평생 동안 많은 저서를 통하여 지극히 광범위한 문제를 논하였으나
그의 일관된 주장은 '인간 회복'이다. 즉 인간의 본성을 자연 상태에
서 파악하고자 한 것이었다. 인간은 자연 상태에서는 자유롭고 행복
하고 선량하였으나 자신의 손으로 만든 사회 제도나 문화에 의하여
부자유스럽고 불행한 상태에 빠졌으며 사악한 존재가 되었기 때문에
다시 참된 인간의 모습(자연)을 발견하여 인간을 회복하지 않으면 안
된다고 역설했다. 〈학문과 예술론〉, 〈인간불평등기원론〉, 〈정치 경제
론〉, 〈신(新) 엘로이즈〉 등 많은 저술이 있다.

가르침과 삶이 일치하거
나 최소한 서로 모순되지 않는 사
상가가 있다. 하지만 그와 반대인
다른 사상가들도 있다. 이러한 다
른 사상가들 중 한 명이 장 자크
루소이다. 제네바 태생의 그는
아이들의 교육에 대해 설교했
다. 그러나 돈이 부족하고 휴식
이 필요하여 그는 자신의 다섯
아이들을 고아원으로 보냈다. 하지만 우리는 감정의 재발견
에 대해 그에게 감사하고 있다.

1750년 루소는 '학문과 예술론'을 통해 갑자기 유명해졌
다. 학문과 예술은 인간을 향상시키는 것에는 적합하지 않다
고 그는 말한다. 반대로 그것은 불공정한 사회의 상징이고
생산물이라고 주장한다. 이러한 주제들로 루소는 지식인 계
급에 들어가게 되었다. 1761년 그의 서간체 소설인 『줄리,
또는 신(新) 엘로이즈』는 감동적인 작품이었다. 그는 이 책

에서 귀족과 서민적 지식인의 불가능한 사랑을 이야기했다.
괴테의 질풍노도의 작품 『젊은 베르테르의 슬픔』은 이 소설
의 영향을 받았다. 『엘로이즈』에서의 감정의 강조는 낭만주
의를 예고하는 것이고 지적인 것을 강조하는 계몽주의의 냉
정함에 대한 항변을 예고한다.

교육소설 『에밀』(1762)에서는 아이들에게 적합한 이상적
교육에 대해 서술했다. 아이는 자연 환경 속에서 사물 자체
를 배워야 하며 그 어떤 다른 이론을 배울 필요는 없다. 독서
할 만한 책으로 루소는 다니엘 디포의 『로빈슨 크루소』를 추
천했다. 이것으로 그의 가치 서열에 무엇이 최고로 올라가
있는지를 우리는 알 수 있다. 그것은 바로 자연, 더 정확히
말해서 이상화된 자유로운 자연 상태이다. 이러한 자연 상태
에서는 홉스와는 달리 자유와 평등이 있고 모든 인간들이 자
신의 직관과 양심으로 자기 자신을 돌본다.

인간이 사유재산을 요구하려는 생각을 처음으로 하게 되
었을 때, 그리고 이러한 생각으로 이루어진 분업은 인간의
불평등을 고착화시켜 자연적인 자아 사랑은 이기심으로 변
했다. 예술, 철학 그리고 고상한 에티켓은 이러한 타락의 산

물들이다. 추측컨대 결코 존재한 적이 없는 행복한 원시 상태에서는 이러한 것들이 전혀 필요하지 않았을 것이다.

> "나는 반성의 상태는 자연에 어긋나는 상태이고, 생각하는 인간은 변종된 동물이라고 감히 주장한다."
>
> –『인간불평등기원론』 I

부자들이 가난한 자들에 반하여 연맹하고 자신들끼리 권력을 나누면서 국가가 생겼다. 루소는 개인 자체는 좋지만 재산과 권력을 불공평하게 분배를 하는 사회는 좋지 않다고 생각했다. 이에 대한 구제책으로 그는 『사회계약론』(1762)을 집필했다. 사회계약 안에서는 모든 개별적 자유와 재산을 공동체에 넘긴다. 하지만 여기에서 다시 자유를 상실하는 위협은 루소의 사상과 모순을 이룬다. 의사 결정을 하는 주권자로서 국민에 대한 그의 생각에 바탕을 둔 프랑스 혁명에서 루소의 사상이 드러난다. 하지만 부르봉가의 왕의 권력이 무력화되고 난 후에는 공포 정치가 이루어졌다.

불안한 삶을 살아오면서 루소는 지식층의 친구들과 싸워

사이가 벌어졌다. 문화, 특히 연극에 대한 그의 비방을 친구들은 받아들이려 하지 않았다. 루소는 종교를 오로지 감정에 따른 신의 확실성에 바탕을 두고 이해하려고 했기 때문에 교회도 그를 싫어했다. 이것은 예수 그리스도를 불필요하게 만드는 것이었다. 파리와 제네바 당국은 그를 추적하고 그의 서적을 불태워버렸다. 루소는 은둔하여 자신의 마지막 생애를 보냈다.

그는 이렇게 상처를 받으며 어렵게 살았지만 그의 사상은 오랫동안 영향을 미쳤다. 계몽된 이성의 냉정에 반대하며 그는 감정을 내세우며 전 유럽에 사고의 전환을 이루어냈다. 교육학에서는 그의 사상이 오늘날까지도 영향을 끼치고 있고, 모든 선한 사람들이 속해 있는 사회에 대한 그의 이상은 카를 마르크스의 사상에 영향을 주었다. 특히 루소는 20세기 생태학적 사상에도 영향을 끼쳐 자연스러움이 새로운 가치가 되는 "자연으로 돌아가라"라는 명언을 남겼다.

루소가 죽은 후 프랑스인들이 그를 파리의 팡테옹명사기념묘지로 데려오기 전까지 포플러가 우거져 있는 섬에 묻혀 있었다. 당시 루소가 어떠했는지 직접 보고 싶은 사람은 데

사우 근처 뵐리츠 공원을 찾아가면 된다. 그곳은 자연의 형태에 어떠한 구속을 가하지 않은 정원이다. 포플러와 묘가 있는 섬은 자연스러움의 위대한 대변자를 기억나게 한다.

진짜 반지는 **증명**할 수 **없다**

고트홀트 E. 레싱
Gotthold Ephraim Lessing
1729~1781, 독일

독일 작센주의 그리스도교 목사의 가정에서 태어난 작가이자 사상가. 라이프치히 대학 신학과에 들어가면서 연극에 열렬한 관심을 보였다. 1748년 베를린에서 저널리스트로 출발, 1755년에는 독일에서 처음으로 정통 비극에 시민생활을 도입한 〈미스 사라 삼프슨〉을 발표하여 주목을 끌었다. 1759년 동인들과 문예비평지 〈현대문학 서간〉을 창간해 주로 연극비평을 통해 민중과는 별 인연이 없는 궁정 주변의 문화의 우열성과 허식적인 의상을 비판했다.

끊임없는 문필 활동에도 불구하고 경제적 자립이 불가능하여 1760년 군인이 되어 프로이센군 사령관의 비서로 발탁되었다. 이 시기에 최고의 업적으로 꼽히는 〈라오콘〉, 〈미나 폰 바른헬름〉 등의 구상에 기여하고 소재를 제공하였다. 1764년 베를린으로 돌아가 함부르크에 창립된 국민극장의 고문으로 취임하였다. 1772년에는 비극 〈에밀리아 갈로티〉를 완성하였다. 그의 생애는 부단한 사상 투쟁의 연속이었으며 독일의 계몽사상가 중에는 그 유례를 볼 수 없는 확고부동한 확신과 명석한 지성의 소유자였다. 독일 근대 시민정신의 기수로 평가되는 레싱의 관용의 정신과 양심의 자유를 확립하기 위한 노력은 〈현인 나탄〉에 잘 나타난다.

우리가 무엇보다 총명한 시인이자 극작가로 알고 있는 레싱은 이 책에서만큼은 관용의 가치를 알려 주는 철학자이다. 고트홀트 에프라임 레싱은 계몽주의자로서 인류가 이성과 사랑에 기초한 삶을 살기 위해 교육을 받아야 한다는 것을 확신하고 있다. 그의 책『인류의 교육』은 1780년에 출판되었다.

레싱에 의하면 종교가 근거로 삼고 있는 계시들은 어린 학생들에게 신의 존재를 교육학적으로 제시해 주는 것이다. 이제 계몽주의 시대에서는 계시라고 하는 것이 단지 상징의 형상으로만 나타난다는 진실을 인식하게 하는 이성이 있다. 이것이 말하고자 하는 바는 모든 종교가 자유와 사랑 안의 삶이라는 같은 목표를 단지 다른 방법으로 표현한다는 것을 받아들인다면 서로 인정할 수 있을 것이라는 것이다.

레싱의 『현자 나탄』은 기독교처럼 이슬람교와 유대교도 인정해 주어야 한다고 설명한다. 핵심은 반지 우화이다. 유대인 나탄은 술탄 살라딘이 그에게 세 종교 중에서 어떠한 종교가 참된 종교인지를 물었을 때 술탄에게 반지 우화를 이

야기한다.

세 명의 아들이 법정에서 작고한 아버지가 그들 중에 어떤 아들에게 마력이 있는 반지를 유산으로 물려 주었는지를 둘러싸고 싸우고 있다. 이 반지는 반지를 끼고 있는 사람을 모든 사람의 마음에 들도록 해 준다. 하지만 아들 중 단 한 명만이 진짜 반지를 상속받을 수 있다. 다른 두 개의 반지는 모조품이다. 현명한 재판관은 아버지가 진짜 반지를(즉, 참된 종교를) 잃어버렸고, 그 대신에 모든 아들을 똑같이 대우하기 위해 세 개의 모조품을 유산으로 남겼다는 것으로 다툼을 해결한다. 재판관은 아들들에게 그들의 유산(즉 그들의 각각의 종교)으로 가장 뛰어난 것을 만들도록 요구한다. 이것은 우리가 가질 수 있는 가장 좋은 능력과 특성을 자기 스스로 발전시키라는 것을 의미한다.

"너희들 모두 아버지의 반지를 가져라.

그렇게 모두 진짜 아버지의 반지를 가졌다고 믿어라.

자, 어서!

너희들 각자 다투어서 노력하라,

반지 보석의 힘이 나타난다!"

― 『현자 나탄』

오늘 신문을 펼치는 사람은 전세계에서 일어나는 종교 분
쟁을 읽고 아마도 계몽주의자인 레싱이 너무나 낙천주의자
였다는 것을 유감스럽게 확인할 것이다.

신, 자유, 불멸의 철학자

임마누엘 칸트
Immanuel Kant
1724~1804, 독일

동 프로이센의 수도 쾨니히스베르크(지금의 칼리닌그라드)에서 출생한 근대 철학의 완성자. 프랑스 혁명기의 철학자로 그 이전의 서유럽 근세철학의 전통을 집대성하고 그 이후의 발전에 새로운 기초를 확립하였다. 루터교 목사가 운영하는 경건주의 학교에 입학하여 9년 동안 라틴어 교육을 받은 후 고향의 대학에서 공부하고 또 모교의 교수로 일생을 마쳤다. 경건하고 규칙적인 삶을 산 것으로 유명하지만 건강이 좋지 않아 고생을 했다. 대학 재학 중에는 뉴턴 역학에 특히 관심을 두었으며 우주의 발생을 역학적으로 해명하였는데, 후일 '칸트-라플라스의 성운설'로 널리 알려지게 된 획기적인 업적을 수립하였다.

칸트의 철학은 3권의 비판서, 즉 〈순수이성비판〉, 〈실천이성비판〉, 〈판단력비판〉 간행 후 몇 년이 지나지 않아 순식간에 전 독일의 대학과 논단을 석권하였고, 전세계에 많은 영향을 끼쳤다. 특히 이후의 피히테에서 헤겔에 이르는 독일 관념론 철학의 선두 주자로서, 또 그 모태로서 커다란 역할을 하였다. 세 저작 외에 〈도덕형이상학원론〉, 〈자연과학의 형이상학적 원리〉 등이 있다.

천문학자 코페르니쿠스(1473~1543)는 동프로이센 토루니 출신이고, 지구와 모든 다른 행성은 태양 주위를 스스로 돈다는 것을 16세기에 깨달았다. 우리는 우주론적 사고의 완전한 방향 전환을 "코페르니쿠스적 발상"이라고 부른다. 약 250년 후의 동프로이센인은 다시 코페르니쿠스적 전환을 야기한다.

동프로이센의 수도인 쾨니히스베르크에서 태어나 한 번도 주변을 벗어난 적이 없는 임마누엘 칸트(1724~1804)는 40년 넘게 그곳의 대학에서 강의를 했다. 연약한 체격의 그는 절도 있는 생활로 유명했으며 쾨니히스베르크 주민들은 그의 규칙적인 생활에 맞춰 시계를 맞추기까지 했다.

충실한 하인이 램프를 켜면서 5시 기상, 그런 다음 7시부터 9시까지 강의, 9시부터 13시까지 연구와 집필, 그것에 이어 사교 모임에서 점심식사, 15시 30분 산책, 그러고나서 일을 계속함, 22시에 취침.

1781년 출판된 그의 대작은 그때까지 큰 관심을 불러일으키지 못했던 칸트를 유명하게 만들었다. 그리고 이것으로

"사유 왕국의 위대한 파괴자"라는 별명이 붙는다. 이것은 또 다시 위대한 말이다! 오늘날 만물의 파괴자의 코페르니쿠스적 전환은 도대체 어디에 있는 것일까? 그리고 오늘날 코페르니쿠스적 전환은 우리에게 무엇을 말하는가?

고대와 중세에서 관념과 개념의 세계는 엄밀히 실재 세계이고 그 때문에 우리의 인식은 성공적으로 참된 대상을 얻으려 노력할 수 있고 참된 대상을 통해 인식이 가능하다는 견해가 주도적이었다. 계몽주의에서는 두 개의 다른 성향이 있었다. 경험주의자들은 감각을 위해 주어진 경험에 방향을 맞추어야 한다고 주장했다. 그리고 이성의 도움으로 이러한 경험을 바탕으로 인식할 것을 요구했다.

반면 독일에서는 합리주의자들이 있었다. 그들은 경험을 통해서가 아니라 직접 이성의 도움으로 이 세상 넘어 또는 이 세상 뒤에 무엇이 존재하는지를 알려고 한다. 칸트는 합리주의와 함께 성장하고, 경험주의자들을 통해, 특히 흄을 통해 깨달음을 얻었다. 칸트는 이 두 사조에서 새로운 것을 만들어냈다. 이것으로 그는 계몽주의의 완성자이자 정복자가 되었다. 그는 우리의 인식이 능력을 발휘하는 한계를 단번에 규정지었다. 심도 있는 숙고를 한지 15년 후 칸트는 1781년 『순수이성비판』을 출간했다. '비판'은 오늘날과 같은 뜻의 비판을 의미하지 않는다. 여기에서의 비판은 이성의 기능과 한계를 연구하고 이성이 할 수 있는 것과 할 수 없는 것을 구별하는 것을 의미한다.

이 책은 세계적으로 가장 어려운 책 중의 하나이다. 칸트의 대학 친구인 요한 하인리히 블뢰머는 이 책을 이해하기 위해 자신이 충분하게 손가락을 가지고 있지 않다는 것을 알게 되었다고 사람들은 전한다. 이 말인즉, 그는 책을 읽을 때 모르는 단어들을 손가락으로 짚곤 했는데 한 페이지에 모르는 단어들이 너무 많아 책장을 넘길 손가락이 없을 정도였다는 것이다.

칸트는 『순수이성비판』에서 우리의 인식은 두 개의 원천인 직관(경험주의자들을 참조)과 이성(합리주의자를 참조)에서 생겨나는 것이라는 결론을 내린다. 그러나 우리는 경험을 바탕으로 우리의 이성 개념을 형성하는 것이 아니며, 자연의 연속성을 체험하기 때문에 시간의 개념을 만들어내는 것도 아니며, 사물의 나란함을 보기 때문에 공간의 개념을 만들어내는 것도 아니다. 그것은 정반대이다. 우리는 시간과 공간 속에서 인지하기 때문에 사물들은 우리들에게 시간적으로 그리고 공간적으로 배열되는 것으로 나타난다. 그것이 코페르니쿠스적 전환인 것이다.

"지금까지 우리는 우리의 인식이 대상을 따라야 한다고 받아들였다. 그러나 이러한 전제하에 모든 시도들이 실패로 돌아갔다. 그래서 이제 대상이 우리의 인식을 따라야 한다고 받아들이기로 한다. 이는 코페르니쿠스의 최초 사상과 유사하다. 그는 모든 별 무리가 관찰자 주위를 돈다고 가정하고 천체 운동을 설명하려 했지만 성공하지 못한 후 관찰자를 돌게 하고 별들을 가만히 놔두면 성공할 수 있을지 시도했다."

─『순수이성비판』 2판의 머리말, B XVIf.

칸트 이후 우리는 우리가 인지한다면 그것은 시간과 공간의 형태 속에서의 인지 이외의 다른 인지는 있을 수 없다는 것을 알고 있다. 공간과 시간은 우리의 직관에 형식을 부여해 주면서 우리의 직관(우리의 의식적 지각)을 가능하게 한다. 공간과 시간은 소위 직관 형식이라고 부른다. 공간과 시간은 우리의 시각으로는 옛날부터 있어왔기 때문에(우리가 가지고 온 것이다) 칸트는 그것을 선험적(先驗的)이라는 뜻의 라틴어 a priori(아 프리오리)라고 명명했다.

범주도 마찬가지로 선험적이다. 이 개념들 ―단일성, 다원, 부정, 한계, 인과관계 등등― 은 우리가 지각한 것을 정리하고 이해하는 데 도움을 준다. 그렇다면 선험적인 직관 형식과 범주는 어디에서 오는 것인가? 칸트는 우리가 결코 알아낼 수 없는 것이라고 했다. 우리는 항상 선험적 직관 형식과 범주를 발견한다. 우리는 이것 없이는 아무것도 인식할 수 없다. 우리는 그 적용 범위를 결코 벗어날 수 없다.

시인 하인리히 폰 클라이스트(1777∼1811)는 선험은 초록색으로 코팅된 안경과 같다고 했다. 우리는 그 안경을 쓰고 있고 안경은 우리에게 안경 유리 색깔로 세상을 보게 한다. 우리는 단지 초록색을 볼 뿐이며 안경을 벗을 수 없다. 왜냐하면 우리는 안경 없이 더 이상 아무것도 보지 못하기 때문이다. 우리가 할 수 있는 유일한 것은 세상을 안경 유리를 통해서가 아니라 직접 보게 된다면 세상은 아마도 초록색으로 보이지 않을 것이라고 우리 스스로에게 확신시키는 일이다. 그러나 우리는 그것을 시도할 수가 없다.

칸트가 '물자체'라고 부르는 것은 우리 손에 닿지 않는 것이다. 우리가 세상을 볼 수 있기 때문에 세상이 초록색이라고 가정하는 대신 우리 모두가 초록색으로 코팅된 안경을 쓰고 있다는 사실을 알아낸 것은 놀라운 성과이다. 클라이스트는 '진실' 자체를 알 수 있는 길이 차단되었다는 것에 몹시 불행해 했다.

칸트의 사상은 오늘날까지도 필수불가결한 것이다. 칸트의 사상은 우리가 우리의 인식 모두를 믿어서는 안 되지만 우리가 살아나가기 위해서는 우리의 인식에 의존해야 한다는 사실을 확실하게 알려 주고 있다. 이것이 현실이 아니라면! 힌두교 지도자들은 신앙 문제에 대해 말할 수 있다고 생각하지만 칸트에 의해 그들의 기세를 꺾을 수 있을 것이다.

형이상학 —포스트모더니즘의 자매인 밀교— 은 이제부터 제외되어야 한다. 우리 인간이, 칸트가 말한 것처럼 형이상학에 대해 억누를 수 없는 욕구를 가지고 있기 때문에 슬며시 다시 살아난다 할지라도 형이상학은 제외되어야 한다. 우리는 항상 세상의 다양성을, 질서를 만들어내는 단일성에서 찾으려 하고 매번 이러한 시도 속에 숨겨져 있는 잘못된 생각을 인식해야만 한다.

이 모든 것을 더욱 정확히 이해하기 위해 우리는 칸트 이전에 있었던 초월(라틴어로 transcendere)이라는 개념을 생각해야만 한다. 초월은 형이상학이 묻는 초현세적인 것, 경험할 수 없는 것, 존재와 모든 관념들, 예를 들어 신과 같은 모든 사물들이 포함되어 있는 영역이다. 초월은 형이상학의 적용 분야이다. 초월의 반대 개념은 라틴어로 immaere인 '내재'이다. 내재는 이 세계에서 경험할 수 있는 모든 것을 의미한다.

자신의 코페르니쿠스적 전환으로 칸트는 우리에게 경험할 수 있는 세상 저편의 분야를 폐쇄시켰다. 선험적인 형식과 범주가 제대로 내재하고 있는 것은 아니다. 그렇기 때문에 그것을 파악하기가 어렵다. 우리는 선험적인 형식과 범주

를 머릿속에 지니고 있고 그것을 통해 외계를 본다. 칸트는
이것을 위해 '선험적'이라는 개념을 사용한다. 여러 방법으
로 우리가 인식할 수 있는 모든 것은 선험적이다.

"나는 대상이 아닌 대상에 대한 우리의 인식 방법, 즉
얼마나 대상들이 선험적이어야 하는지를 다루는 모든 인식을
선험적이라고 말한다. 그러한 개념들의 체계를 선험철학이라
부를 것이다."

– 『순수이성비판』 서론 B25

칸트 철학은 선험적 의식 내용(관념)을 다루기 때문에 그
의 철학을 '선험적 관념론'이라고 부른다. 이것은 플라톤의
'실재적 관념론'과 경험주의자 버클리의 '인식론적 관념론'
과 차이가 있다. 왜냐하면 칸트의 방식은 비판적이기 때문에
'비판적 관념론'이라고도 하기 때문이다. 이것은 칸트에 따
라 독일에서는 관념론이 변종된 것이기 때문에 중요하다.

'선험적인'과 '초월적인'이라는 뜻의 차이를 주목해야 한
다. 우리는 칸트 이래로 선험적인 것에 대해 말할 수 있다.

하지만 초월성에 대해서는 이성적으로 아무것도 말할 수 없다. 종교적인 개념에 대해서도 마찬가지로 아무것도 이성적으로 말할 수 없다. 왜냐하면 종교적인 개념이 초월성에 속하기 때문이다. 칸트는 『순수이성비판』에서 안셀무스의 개념을 통한 신의 존재 증명, 토마스의 존재하는 세상을 통한 신의 존재 증명 그리고 합리주의자들의 세상의 합목적성에 의한 신의 존재 증명 등 모든 신의 존재 증명을 반박한다.

이것은 칸트 안에 신의 존재가 없다는 것을 의미하는 것이 아니다. 오히려 정반대이다. 하지만 『순수이성비판』이 이끌어낸 인식 한계가 나타났을 때는 이것에 대해 논하는 것은 바람직하지 않다. 왜냐하면 이러한 순간에 칸트 안의 신의 존재 여부를 논하는 것은 모든 형이상학처럼 실패할 것이 분명하기 때문이다. 그러나 실제적으로 칸트의 능력 영역에서 지식을 빼버린다면 신앙을 위한 자리가 마련될 것이다.

"나는 신앙을 위한 자리를 확보하기 위해 지식을 포기해야만 한다."

–『순수이성비판』 제2판 머리말 B XXX

믿음은 인식과 아무런 관련이 없다. 오히려 행동과 관련이 있다. 이것에 관해서는 칸트의 중요한 두 저서 『도덕 형이상학을 위한 기초 놓기』(1785)와 『실천이성비판』(1788)에서 다룬다. 칸트는 우리가 윤리적으로 —칸트는 도덕적이라고 말했을 것이다— 행동하기 위한 전제 조건들을 연구한다. 그런 이유 때문에 많은 철학사학자들이 칸트가 인식보다도 오히려 행동과 윤리에 더욱 관심을 보였다고 말한다.

칸트는 실천적 이성에서 순수이성과 비슷한 주장을 펼쳤다. 그는 우리가 우리 안에 선험적인 것을 가지고 있다고 전제한다. 즉 우리의 의무인 도덕적 의무, 타당성을 요구하는 도덕률은 선험적인 것이다. 우리는 또한 의무에 찬성하고 반대할 수 있는 자유를 가지고 있다. 우리가 도덕적 의무를 선험적으로 우리 안에 가지고 있다는 것을 우리는 양심을 통해 체험한다.

도덕률은 계명과 금지가 어떤 것이 있는지 열거하는 것이 아니다. 선한 것은 결과가 선한지 아닌지에 달려 있는 것이 아니다. 목적은 수단을 정당화시키지 못한다. 선한 것은 도덕적 법칙으로 누구에게나 그리고 어디에서나 유효한 정언적 명령만을 규정한다.

"너의 행동 법칙이 언제나 일반적인 입법 원칙으로 인
정될 수 있도록 행동하라."

－『실천이성비판』§7 A54

정언적(定言的) 명령은 모든 상황에 대한 도덕률을 표현
한 것이다. 우리가 구체적인 경우에 행동하는 우리의 준칙
은 정언적 명령에 맞추어야 한다. 정언적 명령은 의무로서
우리의 의지와 마주친다. 자유롭게 정언적 명령에 복종하는
의지만이 좋은 것이다. 우리가 도덕률이 요구하는 것을 기
꺼이 하는지 안하는지는 윤리적인 관점으로 보아서는 전혀
상관없는 것이다. 다만 의무감에서 하는 것은 도덕적으로
좋은 것이다.

유감스럽게도 이것은 부정적으로 들린다. 오늘날 '자선사
업가 신드롬' 또는 '헬퍼 신드롬'을 가지고 있는 모든 사람
들은 희생자적 행동을 하는 자신들이 칸트에 의해 제대로 이
해되고 있다고 느낄 수 있다. 정신적 안정을 위해 이들은 실

러(독일의 시인, 1759~1805)를 읽어야 한다.

"나는 친구들을 위해 기꺼이 봉사하지만 유감스럽게도 중독성으로 행하기도 한다. 내가 덕이 없다는 사실이 종종 나를 화나게 만든다. 그렇다면 친구들을 경멸하고, 의무가 너에게 강요하는 것을 혐오감을 가지고 해야 한다는 것은 충고가 아니다."

자유뿐만 아니라 순수 이성의 도움으로 더 이상 확실하지 않은 다른 두 개의 개념들을 칸트는 실천 이성을 통해 다시 사용한다. 그중 하나가 불멸이다. 도덕률이 실제로 통용된다면 불멸은 존재해야 한다. "너의 삶 속에서 어느 한 사람이 자신의 의무를 행할 수 있기 때문이다." 물론 그렇다고 그 사람이 완벽한 것은 아니다. 인간 자체가 신처럼 결코 성스럽지 못할지라도 불멸은 있는 것이다.

이것으로 칸트가 『실천이성비판』에서 다룬 세 번째 중요한 말은 신이다. 스콜라 철학과 합리주의 논증을 통해서도 신의 존재를 증명할 수 없었다. 칸트는 신의 존재를 도덕적인 방법으로 증명했다. 신이라는 존재는 먼 훗날에도 의무 이행이 불멸 속에서 정당한 보상을 받을 것을 보장해 주는 보증인이다.

칸트가 『실천이성비판』을 수단으로 분명히 밝히고 신앙에 귀속시키는 세 가지 '요구'가 있다. 이는 신, 자유, 불멸이다. 자유롭고 도덕적으로 행동하는 사람으로서 우리는 이 세 가지가 효력을 발휘한다는 것을 체험한다. 이제 다시 거슬러 올라가 자유롭고 도덕적으로 행동하는 인간이 아주 작은 무언가로서 끝이 없고 '자체'를 해명할 수 없는 연관관계 속에서 감각적 경험의 세계를 받아들인다면 칸트가 우리의 이중 존재 방법을 요약한 다음의 훌륭한 인용구를 어떻게 쓸 수 있었는지를 이해할 것이다.

"점점 더 새롭고 점점 더 큰 감탄과 경외로 마음을 채우는 두 가지 것이 있다..... 그것은 내 머리 위의 별이 총총한 하늘과 내 마음 속의 도덕률이다... 수많은 세상 집합의 첫 번째 광경은 동물적 피조물인 나의 중요성을 완전히 없애버린다. 이에 반해 두 번째 광경은 예지자로서 나의 인품을 통해 나의 가치를 높인다. 인품 속에서 내 안의 도덕률은 동물성과 전 감성 세계와 독립된 삶을 내게 계시한다."

– 『실천이성비판』 맺음말 A289

다른 말로 표현되었다 할지라도 우리는 그것을 마찬가지로 받아들일 수 있다.

19세기 :
절대적 관념론부터
신의 죽음까지

강력한 세계의 영혼

게오르그 빌헬름 프리드리히 헤겔
Georg Wilihelm Friedrich Hegel
1770~1831, 독일

칸트 철학을 계승한 독일 관념론의 대성자이다. 슈투트가르트에서
출생해 튀빙겐 대학교 신학과를 졸업한 후 7년간 프랑크푸르트 등
지에서 가정교사를 한 뒤 1801년 예나로 옮겨 예나 대학교 강사가
되었다. 처음에는 셸링의 사상에 동조해 잇달아 논문을 발표하였으
나 차차 셸링의 입장을 벗어나 1807년 최초의 주저 〈정신현상학〉을
발표해 독자적 입장을 굳혔다. 그 후 뉘른베르크의 김나지움 교장이
되었고, 이곳에서 두 번째 책 〈논리학〉을 저술하였다.

헤겔 철학의 역사적 의의는 18세기의 합리주의적 계몽 사상의 한계
를 통찰하고 '역사'가 지니는 의미에 눈을 돌린 데 있다. 계몽 사상
이 일반적으로 역사를 고려하지 않고 오직 머릿속에서 생각한 이상
에 치중해 이 이상을 현실로 실현해야 하며 또 실현할 수 있다고
생각한 데 반하여, 헤겔은 현실이란 그처럼 인간이 마음대로 바꿀
수 있는 것이 아니라 오히려 그 자신의 법칙에 의하여 필연적으로
정해졌다고 생각하였다. 헤겔은 장대한 철학 체계를 수립하였는데,
그 체계는 논리학, 자연철학, 정신철학의 3부로 되었으며, 이 전 체
계를 일관하는 방법이 모든 사물의 전개를 정(正)·반(反)·합(合)의
3단계로 나누는 변증법이다.

우리는 이미 정립, 반정
립, 종합의 3단계를 거친 사고
를 스콜라 철학자들에게서 배
웠다. 사고는 철학뿐만 아니
라 전 세계사와 사상사에서는
하나의 원칙으로 설명되고
있다.

모든 시대의 사상처럼
자신의 사상과 정치 역사와
현재를 탁월하게 조화시킨 사람은 슈바벤 출신의 게오르그
빌헬름 프리드리히 헤겔이다. 그를 관찰하려면 우리는 항상
정반합의 3단계를 기억하고 있어야 한다. 그는 우리 자신의
삶에 이를 적용하기도 했다. 헤겔은 동료 프리드리히 W. J
셸링(1775~ 1884)과 프리드리히 휠덜린(1770~1843)과 함
께 목사를 위한 유명한 교육의 장인 튀빙겐 신학교에서 공부
했다. 46세에 그는 베를린 대학의 교수가 되었으며 그곳에
서 15년 후 콜레라 전염병으로 죽기 전까지 가르쳤다. 그는

곧 "프로이센의 국가 철학자"로 불리고 베를린은 그를 통해
'독일 관념론'의 중심지가 되었다.

독일 관념론을 더 자세히 이해하기 위해서 우리는 다시
한번 칸트에게 되돌아가야 한다. 그는 이성에게 있는 것 ―
인식을 위해서는 선험이고 행동을 위해서는 신, 자유와 불멸
의 관념― 과 인간 정신 밖의 외계 사이의 경계를 엄격하게
구분지었다. 칸트에 의하면 우리는 한계 자체를 인지할 수
없기 때문에 그것에 대해 아무것도 말할 수 없다.

그러나 헤겔은 자신의 출중한 방법으로 다시 외계를 철
학 속으로 가져왔다. 그는 가시적인 세계와 비가시적인 세
계도 또한 정신-세계정신이라고 말했다. 그렇기 때문에 세
계정신은 인간 정신, 인간 이성과 똑같은 기능을 한다. 인간
정신, 인간 이성은 세계정신의 일부분인 것이다. 여기에서
일부분은 케이크 전체에서 한 조각 떼어낸 조각 케이크일
뿐만 아니라 시간적인 관점에서 볼 때에도 한 단계의 시기
를 의미한다.

모든 것이 생성되고 소멸되는 세계 전체, 모든 사고는 세
계영혼이다. 세계의 움직임과 발전 속에서의 세계 역사상의

이성 그리고 우리의 작은 두뇌, 즉 우리의 존재는 세계영혼 안에 통합되어 있다. 그렇기 때문에 헤겔은 다음과 같이 말할 수 있다.

"이성적인 것은 현실적이다. 그리고 현실적인 것은 이성적이다."

-『법철학 강요』 머리말

이것은 정신적인 것처럼 물질적인 세상의 순간적 상황은 전개되는 시점에서의 전체 정신의 상황이다. '이성적인'의 의미는 우리가 오늘날 이해하고 있는 것이 아니라 "세계사적 이성의 한 부분"이다.

이것은 물론 천재적인 생각이다. 헤겔이 천재적인 생각을 할 수 있었던 것은 "모든 것은 흐른다"라고 말한 그리스 철학자 헤라클레이토스 덕분이다. 원형-모사 문제, 플라톤 이후 철학에서 옥신각신 논쟁을 벌인 정신과 질료의 대립, 선험-내재의 어려움이 돌연 사라진다. 이제 모든 것이 함께 속해 있다. 모든 것이 원형이고 모든 것은 하나이다. 이러한 생각은 계속해서 유지되고 그것으로 모든 것이 무조건 유사하게 보이는 것이 아니라 모순적으로 작용한다.

여기에서 헤겔은 우리에게 매우 중요한 것을 가르친다. 요컨대 모순은 정상적인 발전에 속한다는 것이다. 모순은 참아낼 수 있는 것이며 다시 사라지는 것이다. 왜냐하면 모든 것은 항상 변하여 어느 것도 원래 자신의 모습을 그대로 유지하지 않기 때문이다. 존재는 항상 생성 과정에 있다.

이제 3단계를 위한 차례이다. 모든 존재, 세계정신의 전개는 헤겔이 명명한 것처럼 정반합의 단계로 이루어진다. 세계정신은 단계들을 거친다. 처음에 세계정신은 거기에 있다(정립these). 그런 후 세계정신은 자신에서 반대를 끄집어내 대치한다(반정립antihese). 마지막으로 세계정신은 반대 속에서 자신을 인식하고 자신과 함께 더 높은 단계로 화합한다(종합synthese). 여기에서 보존할 가치가 있는 것은 서로 연결되고 낡은 것은 배제된다. 그렇기 때문에 모순은 서로 제거의 의미에서 보존되기도 하고 전체가 한 단계 올라가 보존되기도 한다. 이러한 방법으로 계속 진행되는 것이다.

플라톤 이후로 "사고하는 동안 반대 개념들이 서로 화합하고 이러한 방법으로 발전해 나가는 사고의 방법"을 변증법이라고 부른다. 이 개념은 헤겔에 의해 마르크스주의의 변증법적 유물론에 이르기까지 큰 영향을 끼쳤다.

모든 세계사에 적용되었고 처음에는 정신이었다는 원칙이 있다. 기독교적 철학자로서 헤겔은 신학적이고 신이 세상을 창조하기 전에 이러한 정신은 신이라고 말한다. 신은 혼자이고 신은 '즉자'이다. 두 번째 단계에서 신은 시공의 자연, 세계를 포기한다. 그것은 정신이 아니라 신학적으로 말해 창조이다. 창조는 신과 대립했던 '타자'라는 것을 통해 정의된다. 세 번째 단계에서는 정신이 단계적으로 다시 자기 자신으로 돌아와 세상 속에서 자신을 인식하고, 이것을 통해서 '타자'인 세상은 자신에게 되돌아온다. 마지막에 신은 '즉자이자 타자'가 된다. 이것은 정신이 자신 속에 내포하고 있는 자신의 반대 개념과 함께 완벽하게 된 것을 의미한다.

총체는 대단히 추상적인가? 헤겔은 그것을 구체적으로 만들려고 시도하고 동시에 철학적 학문 체계를 구축했다. 정신 즉자인 정립these에 대한 숙고를 헤겔은 논리라 명명했다. 이것은 순수 관념, 즉 세계 창조 이전의 신에 대한 숙고

이다. 반정립에 대한 숙고는 자연의 철학이다. 헤겔은 반정
립에 대해 설득력 있게 설명하는 데에 특별히 성공하지 못했
다고 철학사학자들은 말한다. 그는 특히 그의 동료 셸링의
사상을 차용한다.

통합에 대한 숙고는 정신 철학이다. 여기에는 다시 세 단
계가 있다. 주관적인 정신은 개별자의 개인적 정신이다. 객
관적인 정신은 초개인적 정신적 가치, 즉 가족, 법, 윤리 및
국가를 말한다. 그렇기 때문에 완벽한 정치적 역사는 객관적
인 정신의 일부이고 "시대 내의 해석"이다.

그는 자유(개인의 자유와 공공 복지의 조화로운 의미에
서) 의식이 어떻게 전개되는지에 대해 계속해서 숙고했다.
『역사 철학 강의』에서 헤겔은 이러한 전개를 웅장한 파노라
마 속에서 모사했다.

통합의 최고 단계는 절대적 정신이며 예술, 종교와 최고
로서의 철학이 바로 그것이다. 여기에서 정신은 완전히 자기
자신에게 온다. 즉 정신은 스스로 형성하고, 스스로 알고 스
스로 생각한다. 객관적인 정신에는 정치적 추이를 입증하듯
아직 긴장이 존재한다. 절대적인 정신에는 그러나 평화가 지

배한다. 왜냐하면 정신이 자기 자신에게 복귀했기 때문이다. 헤겔의 관념론(정신만을 다룬다)을 '절대적' 관념론이라 부르는 것은 당연하다. 왜냐하면 그에게 있어서 정신은 모든 것을 자신 속에 합일시켜 외부에는 아무것도 남아있지 않기 때문이다. 정신은 절대적이다. 가장 중요한 사상가이자 스승인 헤겔의 체계를 동시에 "독일의 관념론"이라고 부르는 것은 헤겔의 초기 시절에 근거를 두고 있다. 다시 말하면 1797년 튀빙겐 신학교에서 셸링, 횔덜린과 헤겔은『독일 관념론의 체계 단편』을 작성했다.

정신의 총체적 생성 과정은 세계 역사 안에서 진행되는 과정이고, 헤겔이 이 모든 것을 설명하는 것을 성공한다면 자기 자신에게 오고 있는 세계정신은 상당히 멀리 온 것이다. 그 스스로는 그것을 보았지만 그는 그리스 여신 아테네(라틴어로는 미네르바)를 도와 주고 추종하는 현명한 새들과 연관된 아래의 인용문이 보여 주듯이 겸손하게 자신을 하나의 도구로 생각한다.

"철학이 자신의 암담함을 회색으로 칠한다면 인생의

모습은 늙게 된다. 어둠을 회색으로 칠하는 것으로는 자신을 젊게 만드는 것이 아니라 미네르바의 올빼미는 황혼녘에 날기 시작한다는 것을 인식할 뿐이다."

— 『법철학 강요』 머리말

정치적 역사는 세계정신이 점점 더 자기 자신으로 실현되는 가장 구체적인 영역이다. 세계정신을 도구로 사용한 위대한 인간에게서 세계정신을 때때로 인식할 수 없지 않는가? 헤겔은 실제로 1806년 예나 전투에서 프로이센에게 승리한 승리자로서 말을 타는 나폴레옹의 형상에서 세계정신을 만날 것이라고 확신했다. 헤겔은 당시 그의 친구에게 감격하면서 나폴레옹에 대해 이렇게 말했다. "말 위에 앉아 있는 세계영혼."

그러나 역사에 대한 그의 철학적 관점은 비극적인 면을 지니고 있다. 왜냐하면 나폴레옹이 말한 것처럼 그의 철학적 관점은 역사를 '도살장'으로 만들었기 때문이다. 전쟁은 모든 사물의 아버지가 되고 고통 속에서 더 나은 세상이 탄생된다.

"세계사는 행복의 무대가 아니다. 행복의 시기들은 세계사의 백지다."

– 『역사철학』 서론

헤겔은 이런 모든 희생자가 진보의 제단 위로 보내졌고 보내지게 될 것이라는 점에 조금이나마 위로를 받을 수 있었다. 하지만 우리는 오늘날 이러한 가능성을 지니고 있는가? 20세기는 세계정신의 도구로서 보고 싶어하는 형상들을 충분히 배출해냈다.

소외의 끝으로부터

카를 마르크스
Karl Heinrich Marx
1818~1883, 독일

라인 주 트리어에서 출생한 공산주의 사상의 창시자. 유대인 그리스
도교 가정의 7남매 중 셋째 아들로 태어났다. 아버지는 변호사였으
며 어머니는 네덜란드 귀족 출신이었다. 트리어김나지움에서 공부
한 뒤 본 대학에 입학하여 신화 · 미술사 등 인문계 수업을 받았다.
1836년 베를린대학에 입학하여 법률 · 역사 · 철학을 공부하였다. 당
시 독일의 철학계에서 강한 영향력을 지닌 헤겔의 철학을 알게 되
면서 좌파인 청년헤겔파에 소속되어 무신론적 급진 자유주의자가
되었다. 1841년 예나 대학에서 박사학위를 받고 본으로 갔으나 대학
교수의 꿈을 포기하였다.
이후 급진적 반정부신문인 《라인 신문》의 편집장이 되었으나 신문
이 폐간된 후 파리로 옮겨 경제학을 연구했다. 1848년 파리에서 시
작된 혁명이 유럽에 파급되자 브뤼셀 · 파리 · 쾰른 등지로 가 혁명
에 참가하였으나 각국의 혁명은 좌절되고 잇달아 추방령이 내려졌
다. 런던으로 망명하여 수년간 고립생활을 하면서 정신적 고통과 물
질적인 빈궁 속에서 지냈다. 1883년 런던 자택에서 평생의 친구이
자 협력자인 엥겔스가 지켜보는 가운데 일생을 마쳤다. 주요 저서로
〈철학의 빈곤〉, 〈공산당선언〉, 〈경제학비판〉 등이 있다.

독일 관념론과 헤겔은 19세기 중반까지 칭송 받았
다. 그러나 자연과학의 강세로 경험주의자들이 다시 자신들
의 자리를 되찾으려 했다. 변호사의 아들이고 철학자이며 트
리어 출신의 국민 경제학자인 마르크스는 그의 방식대로 경
제 상황을 반관념주의적으로 그리고 경험주의적으로 이해
했다. 그는 헤겔의 변증법을 실제에 적용하고 수정하는 것을
요구했다.

"변증법은 뒤죽박죽이다. 근본적으로 바꾸어야 한다."

- 『자본론』제2판 후기

모든 사람들의 복지에 대해 생각한다면 방향 전환이 필요
하다. 과거 '신학의 하녀'였던 철학은 사회적 정당성을 조성
한다는 목표를 가지고 행동에 임한다. 마르크스는 베를린에
서 법학을 공부하는 동안 헤겔의 사상에 매료되었지만 헤겔
과는 달리 그는 정신 속에서 현실을 본 것이 아니라 물질 속,
즉 노동자의 삶의 세계에서 현실을 보았다.

"나에게는 정반대로 관념적인 것은 머릿속에서 전환되고 변형되는 물질적인 것 이외에는 아무것도 아니다."

—『자본론』 제2판 후기

이러한 삶의 세계는 원료와 노동력과 같은 생산력의 상호작용을 통해 그리고 각각의 소유 상태를 표현하는 생산 관계를 통해서 결정된다. 생산 관계는 19세기에 증대된 산업 프롤레타리아들에게 불리해졌기 때문에 바뀌어야만 했다.

"철학자들은 세상을 서로 다르게 해석했지만 세상을 바꾸는 것은 중요했던 것 같다."

—『포이어바흐에 대한 테제』

1845년 마르크스가 이 문장을 쓸 때 그는 브뤼셀에서 망명 생활을 하고 있었다. 친구이자 후원자인 프리드리히 엥겔스(1820~1895)와 함께 그는 영국에 정착하고 그곳에서 『자본론』을 쓰고, 그가 죽은 후 엥겔스가 완성했다. 마르크스의 죽음 이후 100년 이상이 지난 지금 우리는 공동체를 위해 자

신의 이익을 포기하는 개별자의 능
력에 대한 그의 믿음이 기만된 것
이라는 사실을 알고 있다. 그럼에
도 불구하고 모든 사회의 경제적
기반의 의미를 제시한 것은
그의 공로이다.

소외의 개념도 마르크
스에 의한 것이다. 그는
생산력의 분배로 인해 노
동자가 감수해야 할 속박과 굴
욕의 정도를 파헤쳤다. 그의 목표는 소외를 제거하고 노동자
들을 자유롭게, 즉 스스로 결정할 수 있게 만들어 주는 것이
다. 소외라는 단어는 우리가 우리의 일터에서 움직이고 있는
영향력 없는 작은 바퀴일 뿐이고, 우리의 행동의 의미가 사
라져가는 이유와 오늘날 노동세계에서 우리가 자주 경험하
는 것이 무엇인지를 잘 나타내 준다.

그러나 이것이 헤겔과 무슨 관계가 있는가? 마르크스는
그들의 우상에 대항해 폭동을 일으킨 헤겔 제자들의 모임인

청년헤겔파에게서 헤겔 사상을 알게 된다. 가장 유명한 사람은 루트비히 포이어바흐(1804~1872)로 헤겔에 반대하여 인간은 신의 창조물이 아니며 신과 절대자는 인간에 의해 만들어졌다고 강조했다(종교 비판). 여기에서 물질(경제적인 상황)이 관념적인 것(의식)을 규정한다는 마르크스의 사상을 볼 수 있다.

마르크스는 1848년 프랑스에서 일어난 혁명 이념과 영국의 대영박물관 도서관에서 학습한 국민경제학의 영향을 받았고 포이어바흐의 영향도 받았다. 종교는 피착취자의 참된 고뇌를 은폐하는 것이라는 유명한 주장을 하면서 그는 포이어바흐의 종교 비판을 발전시켜 나갔다.

"종교는 억압받는 피조물의 한숨이고, 심장이 없는 세상의 마음이며, 생각이 없는 상태의 정신이다. 종교는 민중의 아편이다."

– 『헤겔 법철학 비판』 서문

청년헤겔학파는 특히 헤겔의 변증법적 방법을 받아들였

다. 이러한 변증법적 방법은 마르크스에게는 혁명적인 원칙
이 된다. 사회 내에서의 변화는 힘의 대립으로 그리고 혁명
으로 이루어진다. 오늘날 상위층 사람들, 즉 생산력의 소유
자들은 장래에 새로운 계층에 의해 밀려나게 된다. 헤겔이
자신의 철학에서 세계정신의 완성이 다가오는 것을 보았던
것처럼 마르크스는 자신의 학설을 모든 소외가 없어지고 계
급이 없는 공산주의 사회를 목표로 프롤레타리아들이 일으
키는 혁명적 봉기에 대한 신호로 이해했다.

마르크스는 변증법을 특히 역사에 적용했기 때문에 그의
사상 체계를 '역사적 유물론'이라고 부르며 엥겔스 역시 변
증법을 자연을 이해하는 데에 사용하므로 그의 체계는 '변
증법적 유물론'이라고 불린다. 이는 후에 'DIAMAT'
(Dialektischer Materialismus를 간단하게 일컫는 말—옮긴이)
으로 불렸으며 소비에트 연방의 국가 철학이 되었다.

인간을 혐오한 철학자

아서 쇼펜하우어
Arthur Schopenhauer
1788~1860, 폴란드

단치히에서 출생했으며 염세 사상의 대표자로 불린다. 괴팅겐 대학
에서 철학과 자연과학을 배우고 G.E.슐체의 강의를 들었다. 1811년
에는 베를린 대학에서 피히테와 슐라이어마허에게 배웠다. 이탈리
아를 여행한 후 베를린 대학의 강사가 되었으나 헤겔에게 밀려 사
직했다. 바이마르에 살면서 괴테와 친교를 맺었고, 그에게서 자극을
받아 색채론(色彩論)을 연구하여 〈시각과 색채에 대하여〉를 저술했
다. 또한 동양학자 F.마이어와의 교우로 인도 고전에도 눈을 떴다.
그의 철학은 칸트의 인식론에서 출발하여 피히테, 셸링, 헤겔 등의
관념론적 철학자를 공격하였으나 그 근본적 사상이나 체계의 구성
은 독일관념론에 속한다. 그러나 플라톤의 이데아론 및 인도의 베다
철학의 영향을 받아 염세관을 사상의 기조로 했다. 여성 혐오와 여
성 멸시로 유명하며 엄격한 금욕을 설파하였다. 그의 철학은 만년에
이르기까지 크게 인정을 받지 못하였으나 19세기 후반 염세관의 사
조에 영합하여 크게 보급되었다. 나아가 니체의 권력의지에 근거하
는 능동적 니힐리즘의 사상으로 계승되어 오늘날에도 큰 영향을 미
치고 있다. 주요 저서로 〈의지와 표상으로서의 세계〉 등이 있다.

그는 농담처럼 "프랑크푸르트의 부처"로 불린다. 아서 쇼펜하우어는 서양철학과 동양의 사상을 연결시킨 최초의 사람이다. 그는 젊은 시절에 걸작 『의지와 표상으로서의 세계』(1819)를 출간했다. 1851년에 그가 인간의 약점을 비판적으로 분석한 『소품과 보유집』에 담긴 잠언들은 오늘날까지 유명하다.

쇼펜하우어는 인간 혐오자이고, 염세주의자이며, 신경질적이고 야심 있는 천재이다. 그가 삶을 쉽게 살아가는 바이마르 작가인 어머니 요한나와 싸워 서로 등을 돌린 일은 놀랄 만한 일이 아니다.

자신의 이론에서 쇼펜하우어는 이렇게 설명했다. 인간은 지루하지 않을 때 욕구에 휩싸여 고통을 받는다. 먹고 먹히는 것의 법칙은 자연과 사회를 지배한다. 하지만 그 뒤에는 근본적인 힘, 의지가 있다. 의지는 처음에는 맹목적 충동이지만 단순한 돌에서 인간에 이르기까지 모든 세계를 만들어 낸다. 이러한 과정에서 인간은 자기 자신을 인식한다.

쇼펜하우어가 관념론자들을 '허풍선이'라고 부르고 배

를린에서 강의를 했지만 유감스럽게도 모든 사람들이 헤겔에게로 몰리자 헤겔을 증오하면서 공격했을지라도 그의 이러한 사상은 관념론과 비슷하게 보인다. 쇼펜하우어는 칸트의 사상도 다루면서 "우리는 우리의 표상 속에 있는 세상만을 경험한다"라고 말했다. 그는 관념주의자들처럼 칸트가 이야기한 한계를 넘어선다. 관념주의자들과는 달리 쇼펜하우어는 정신을 본 것이 아니라 세상에서 효과를 발휘하고 세상 저편에는 있지 않는 맹목적이고 근원적인 욕구, 의지를 본다.

우리는 의지에 의해 움직이고 거기에서 생성되는 고통을 견디며 의지를 벗어나 자유롭게 되는 두 가지 가능성을 가지고 있다. 첫 번째 가능성은 예술을 통한 미학적 가능성이다. 예술, 특히 음악 속에는 맨 먼저 의지가 나타나는 순수 관념이 있다(여기에서 쇼펜하우어는 플라톤적으로 생각한다).

두 번째 가능성은 윤리적 도피 가능성으로 이러한 가능성은 의지를 부정하는 것이다. 여기에서 이제 동양적인 것이 된다. 쇼펜하우어는 "기독교는 세상을 스스로 포기한 사람이 평안을 찾는 것을 신비주의 속에서 우리에게 보여주고 있다"고 비판한다. 그러나 인간 영혼(아트만, 불멸의 영혼)이 세계영혼(브라만, 범(梵)) 속에서 하나가 될 때 열반의 약속은 더욱 자유로워진다.

> "모든 이성은 더 높은 평화, 고요한 바다와 같은 마음을 우리에게 보여 준다."
>
> – 『의지와 표상으로서의 세계』

모든 고뇌를 야기하는 세상의 결과들은 의지에 의해서 나타난다는 것을 확실히 알고 있는 사람은 이러한 고요에 도달한다. 두 번째로 모든 살아 있는 존재들이 자신 안에 존재하고 있는 의지를 통해 연결되어 있다는 것을 알기 때문에 고통 받고 있는 피조물들을 이해하고 그에 적합하게 행동하는 사람도 이러한 고요에 도달한다.

쇼펜하우어는 자신의 모든 재산을 자선 사업의 목적으로 사용하도록 했다. 생존 당시 그는 인간 혐오자적 행동을 고수했다. 나이가 들면서 얻게 된 명예는 그에게 심리적인 안정제 역할을 했다.

그의 영향은 널리 미쳤다. 리하르트 바그너는 음악을 높게 평가한 것에 감동했고 니체는 '초인'에서 개인의 해체를 뒤바꾸어 놓았다. 지그문트 프로이트는 우리는 무언가에 의해 움직이고 있다는 생각을 갖는다. 이것으로 보아 쇼펜하우어가 옳다고 볼 수 있다. 이제 모든 것이 표상일 수도 있고 그렇지 않을 수도 있다.

유혹자의 일기

쇠렌 A. 키에르케고르
Soren Aabye Kierkegaard
1813~1855, 덴마크

코펜하겐 출생. 태어날 때부터 허약한 체질이었으나 비범한 정신적 재능은 특출하였으며 이것이 특이한 교육으로 배양되어 풍부한 상상력과 날카로운 변증의 철학자가 되었다. 코펜하겐 대학에서 신학과 철학을 연구하여 1841년에 논문 〈이로니의 개념에 대하여〉로 학위를 받았다. 풍자신문 〈코르사르〉에 그의 작품에 대하여 오해에 찬 비평이 실리자 그것을 둘러싼 격렬한 논쟁을 벌였고, 이때 그리스도교도로서의 새로운 정신활동과 저술을 향한 의욕이 싹텄다.

그는 세간의 비웃음에도 굴복하지 않고, 한편으로는 대중의 비자주성과 위선적 신앙을 엄하게 비판하였으며, 다른 한편으로는 절망의 구렁텅이에서 신을 탐구하는 종교적 실존의 존재 방식을 〈죽음에 이르는 병〉에서 추구하였다. 1855년 10월 갑자기 노상에서 졸도한 후 다음달 병원에서 죽었다. 헤겔의 범논리주의를 배제하여 불안과 절망 속에 개인의 주체적 진리를 탐구한 그의 사상은 20세기에 들어설 때까지 거의 알려지지 않았다. 1909년부터 독일에서 작품집이 번역되어 실존주의 철학자들에게 커다란 영향을 주었고, 곧 실존사상의 선구자로서 세계에 알려졌다. 주요 저서로 〈이것이냐 저것이냐〉, 〈불안의 개념〉 등이 있다.

"주의하라! 아름다운 미지의 사람을! 주의하라! 마차
에서 내리는 것은 그렇게 단순한 일이 아니다. 때로는 중대한
결과를 야기하는 첫 걸음이기도 하다!"

– 『이것이냐 저것이냐』 I, 유혹자의 일기

이러한 충고와 함께 정교히 암호화되어 뜻이 숨겨져 있는
애매한 역사가 시작된다. 코펜하겐의 젊은 여성에게 저자의
타락함을 납득시키는 것과 다시는 납득시키지 않겠다는 것
이 이러한 충고의 목적이다. 너무 복잡한가? 쇠렌 키에르케
고르의 내적 삶은 이처럼 복잡하다.

부유하고 신앙심이 깊은 코펜하겐 출신의 모직물 상인의
아들은 우울증으로 고통을 겪었다. 그러나 우울증이 언젠가
는 인간에게 무언가를 주게 될 것이라는 기대를 했다는 것을
우울증으로 인해 인식하게 된다. 그는 자신의 성향에 대해
알고 있기 때문에 1841년 10년 연하의 레기네 올슨과 파혼
을 했다. 평생 사랑한 여인과의 결별을 쉽게 하기 위해 그는
자신이 바람둥이인양 행동했다. 그의 첫 번째 작품 『이것이

냐 저것이냐』의 일부로 1843년에
출간된 『유혹자의 일기』는 그
에게 도움이 되었다.

키에르케고르는 필명으로 출
판하는 것을 즐겼다. 그는 자신
이 전하고자 하는 것만이 드
러나기를 바랐다. 그에게는
그녀만이 중요하기 때문이
었다. 아버지의 유산을 다 써버리
고 교회 비판적인 신학자에게는 결코 목사직의 기회가 주어
지지 않았다. 심적 갈등으로 지친 그는 42세에 뇌졸중으로
죽을 때까지 그녀만을 위해 살았다.

"이것이냐 저것이냐"라는 제목에서 보여주듯이 이 책은
선택, 결정에 관한 것이다. 더 정확하게 말해서 순수미학적,
다시 말하면 구속력 없는 향유와 가능성을 가지고 살아가는
삶의 방식(유혹자의 삶의 방식)과 윤리적 삶의 방식 사이의
선택을 의미한다. 윤리적 삶의 방식은 삶의 계획을 결정하고
행동하는 데에 구속력이 있는 것을 의미한다. 키에르케고르

에게 있어서 양쪽 삶의 방식은 모든 인간의 발달 단계들을
나타낸다. 구속력 없이 모든 가능성을 향유하면서 개인은 자
신의 결정, 선택을 현실화시켜 하나의 인격이 된다. 여기에
서는 선택에 대한 내용은 전혀 언급하지 않았고 선택의 절대
성에 대해서만 언급했다. 선택 상황에서 인간은 완전히 자기
자신을 반영하는 것이다.

> "별이 훤히 보이는 맑은 밤처럼 장엄하게 인간 주변의
> 모든 것이 고요해진다면, 영혼이 외로이 홀로가 된다면 탁월
> 한 인간이 아니라 영원한 권력이 영혼과 맞선다. 영혼 위의 하
> 늘이 열리고 자아는 자기 자신을 선택하거나 오히려 자기 자
> 신을 내주기도 한다. 인간은 과거의 자신과 다른 사람이 되는
> 것이 아니라 단지 그 자신만이 되는 것이다. 의식이 결합하고
> 그는 그 자신이 된다."
>
> —『이것이냐 저것이냐』II

키에르케고르는 가장 격렬하게 헤겔을 반박했다. 헤겔은
개인을 세계영혼의 도구로서 정의할 수 있고 그것으로 삶의

근거를 얻을 수 있다고 주장했다. 이에 반해 키에르케고르는 인간이 제한된 삶을 어떻게 살아가야만 하는지 자문하는 개별자의 어려움을 다룬다. 키에르케고르에게 있어서 인간은 영원한 자와 일시적인 자의 혼합물이기 때문에 인생을 그르칠 수 있다.

> "진리는 주관적인 것이다. 주체는 실존하고 실존하는 것은 생성한다는 것을 한순간도 잊지 않게 된다. 그리고 사고와 존재의 정체성은 피조물이 갈망하는 것이라는 점도 잊지 않게 된다. 모든 근본적인 인식은 존재와 관계한다."
>
> – 『철학적 단편에 대한 종결적 비학문적 후서』 I

키에르케고르의 주관적인 견해는 대단히 현대적이다. 그는 자신과 세계가 낯선 경험을 하고 자신의 삶을 그르칠 것에 대한 두려움, 즉 "자기 스스로가 될 수 없는 것"에 대한 두려움을 가지고 있다. 1844년 출간한 그의 저서 『불안의 개념』에서 두려움이란 헤아릴 수 없는 무(無)와 같은 가능성의 혼란이며, 경험하는 무한한 자유에 대한 반응이라고 묘사했다. 결정하는 것을 회피하고 그것으로 인해 생기는 갖가지 절망을 키에르케고르는 "죽음에 이르는 병"이라고 부르고 1849년 출간된 책의 제목으로 사용했다.

물론 개인은 자신의 선택으로도 스스로를 구원하지 못한다. 왜냐하면 죄를 짓고 있고, 그것 때문에 윤리적인 삶을 실현할 수 없다는 것을 경험하기 때문이다. 구원에 대한 믿음으로의 도약만이 이러한 회오하는 절망으로부터 개인을 구원한다. 신앙심이 강한 루터교도의 아들로서 키에르케고르는 '믿음'이라고 하는 것은 '구원에 대한 믿음'으로 도약하는 대담함 속에서만 경험할 수 있는 신의 선물이라는 확신을 갖고 있다. 자연적인 이해는 포기한다. 왜냐하면 신이 예수로 강림하는 것에 대한 믿음은 영원한 것이 세속적인 것이 되었다는 역설에 근거하기 때문이다.

'도약'을 통해 인간은 세 번째 단계, 즉 종교적 단계에 다다른 것이고, 세속과 영원성은 순간에서 만난다. 키에르케고르가 믿음으로의 도약의 정반대를 확고한 교회 탑에서 본 것은 자명한 것이었다. 그가 그리스도 교도로 있는 것은 개인으로 신 앞에 서는 끝이 없는 모험이었다.

많은 철학사학자들은 키에르케고르를 소크라테스 또는 칸트와 동열에 놓는다. 사실 우리는 그에게 매우 많은 것에 대해 감사하고 있다. 그는 개인에게 시선을 돌리고 더 이상 고향이 아닌 세상에서의 개인의 고독에 대해 어느 누구 못지 않게 묘사했다. 그는 도약을 불안전함으로부터의 탈출구로 생각하면서 대담한 신뢰만이 우리에게 고향을 선사해 줄 수 있고 이러한 신뢰 속에는 항상 "그럼에도 불구하고"라는 마음이 있다는 것을 변함 없이 표현하고 있다.

키에르케고르 스스로는 경험하지 못했지만 제1차 세계대전 이후 독일에서 변증법적 신학과 실존철학이 그를 근거로 성립되었다. 20세기의 인간에게 그의 실존 개념은 필수불가결한 것이 되어 버렸다. 그의 희망이 이루어진 것이다.

천재와 광기를 입증한 철학자

프리드리히 빌헬름 니체
Friedrich Wilhelm Nietzsche
1844~1900, 독일

독일 레켄에서 출생한 '생의 철학'의 창시자이며 실존주의의 선구자
이다. 20세에 본 대학에 입학하여 고전문헌학에 몰두하였다. 다음
해 라이프치히 대학으로 옮겼으며 쇼펜하우어에게 깊은 감명과 영
향을 받았다. 1869년 스위스의 바젤 대학 고전문헌학의 교수가 되었
으나 1870년 프로이센–프랑스 전쟁에 지원, 위생병으로 종군한 후
평생 편두통과 눈병으로 고생하였다.

"신은 죽었다"고 선언한 그는 지상적인 것, 즉 권력에의 의지를 본질
로 하는 생을 주장하는 니힐리즘의 철저화에 의해 모든 것의 가치
전환을 시도하려 하였다. '초인, 영겁회귀, 군주도덕' 등의 여러 사상
은 그것을 위한 것이었으며, 인간은 권력에의 의지를 체현하는 초인
이라는 이상을 향하여 끊임없는 자기 극복을 하여야 한다고 주장한
것이다. 1888년부터 정신이상 증세를 나타내기 시작하였고, 다음해
1월 토리노의 광장에서 졸도하였다. 그 이후 정신착란인 채 바이마
르에서 사망하였다. 그는 2000년 동안 그리스도교에 의해 자라온
유럽 문명의 몰락과 니힐리즘의 도래를 예민하게 터득하였다. 주요
저서로는 〈반 시대적 고찰〉, 〈인간적인 너무나 인간적인〉 등 많은 저
작이 있다.

그는 탁월한 출발을 했다. 목사의 아들인 프리드
리히 니체는 24세의 나이로 바젤에서 고전문헌학 교수가 되
었다. 그리고 곧 그의 첫 번째 철학 작품을 발표했다. 그는 천
재와 광기라는 말을 아주 잘 입증해 주는 철학자이다. 니체에
게 있어서 심연을 바라보는 것은 미학적인 놀이가 아니다. 이
것은 그를 오늘날까지도 매혹적으로 만들어 주고 있다.

　　그는 35세에 조기 퇴직을 한 후 1879년 스위스와 독일, 이
탈리아의 호텔에서 외롭게 살았다. 그가 정신적, 육체적으로
탈진한 1889년까지 쏟아낸 책들은 무궁무진하다. 그는 자신
을 새로운 시대의 고지자로 생각했지만 어떤 사람도 그것에
관심을 거의 갖지 않는다는 것에 괴로워했다.

　　실제로 니체는 20세기에 일어난 것들을 미리 실행했다.
다시 말하면 사회적 도덕적 질서의 와해, 그것으로 인한 인
간의 망아(忘我) 그리고 새로운 자신에 대한 상(像)을 만들어
내려는 시도들을 말한다. 관념적인 사상에서 전향하면서 그
는 젊은 시절 도취해서 읽은 쇼펜하우어를 다시 만난다.

　　쇼펜하우어처럼 니체는 이 세계와 인간이 의지에 의해 움

직이고 있다고 생각했다.
그러나 쇼펜하우어와 달리
니체에게 있어서 의지는
목표가 없는 것이 아니라
생명력과 힘을 겨냥한다.
이것이 "권력에 대한
의지"이고 이것은 불
완전한 유작으로 출
판된 작품의 제목이
다. 니체는 부제를 "모
든 가치 전도에 대한 시
도"라고 붙이려 했다. 그는 가치 전도를 과거 페르시아 종교
창시자인 차라투스트라의 이름으로 설교한다.

니체의 시적으로 탁월한 걸작인 『차라투스트라는 이렇게
말했다』는 1883년에서 1885년 사이에 발표된 작품이다. 니
체에게 있어서 인간적인 정신은 여러 단계로 진행된다. 첫
번째 단계는 낙타로 비유되며 전파된 종교적 · 문화적 가치
에 대한 믿음에 있다. 낙타는 자기 비하의 무거운 짐을 지고

사막으로 급히 달려가고 여기에서 사자가 된다. 두 번째 단계에서는 진실, 도덕과 종교에 대한 믿음이 깨진다. 이것은 허무주의, 부정(라틴어 nihil은 아무것도 없다는 뜻이다)의 단계이다. 니체는 스스로를 허무주의 시대의 고지자로 생각하고 이를 자신의 삶 속에서 실천했다. 이 시대에서는 종교적인 믿음도 깨지기 때문에 다음과 같은 유명한 말이 있다.

　"신은 죽었다! 신은 죽은 채로 있다! 우리가 신을 죽였다. 이 행위의 위대성이 우리에게는 너무 크지 않은가? 신들에게 위엄 있게 보이기 위해 우리는 스스로 신들이 되어야 하지 않겠는가?"

－『즐거운 학문』 §125

이것을 공식적으로 발표한 "멋진 사람"은 그러나 너무 일찍 나타났다고 니체는 말한다. 신은 죽었지만 아무도 그것을 인정하려고 하지 않는다. 허무주의 자체는 마지막 단어가 아니다. 모든 가치 전도, 새로운 가치 규정이라는 말들이 등장한다. 이러한 세 번째 단계는 낙타와 사자 다음으로 아이로 비유된다. 즉 삶의 새로운 긍정을 뜻한다. 세 번째 단계에서 인간은 초인이 된다. 지금까지의 어리석은 군중과는 달리 인간은 원기왕성하고, 용감하고, 자유롭고, 엘리트이며 무분별하고, 동정심이 없다. 그는 권력에 대한 의지로 움직인다. 이 단계에 도달하기 위해 지금의 인간은 극복되어야만 한다. 그는 동물과 초인 사이의 중간 단계일 뿐이다.

초인의 특징은 새로운 가치를 인정해야 하는 것이다. 즉 선하고 악한 것이 권력을 향한 의지에 도움이 되는지 아닌지에 따라 결정된다. 강한 것은 선한 것이고 약한 것은 악한 것이다. 유용성은 선하나 미덕은 아니다. 전쟁은 권력을 얻는 데 도움이 되기 때문에 좋은 것이다. 그리고 강한 초인은 니체에게는 최종적 사상인 동질자의 영원 회귀의 사상을 포용한다.

그가 쓰러진 후 니체의 작품을 본격적으로 선보이고 출판을 감독한 그의 여동생 엘리자베스가 철학자 니체를 돌보았다. 그녀는 국가사회주의, 나치즘을 통해 니체를 받아들이도록 촉구했다. 그 당시 그는 인종주의와 민족주의 이념을 거부했다. 그러나 그의 사상은 실존철학과 정신분석에 영감을 주었다. 나아가 삶이 우리 안에 그리고 모든 것 안에서 작용하는 힘으로 보이는 것을 앙리 베르그송(1859~1941)과 같은 생(生)철학자들이 좀더 부드럽게 표현했다.

우리에게 니체는 냉혹함으로 인상 깊게 남아 있다. 이러한 냉혹함으로 니체는 무(無)의 공포에 철인(哲人)적인 체했고 그 대가를 치렀다.

> "괴물과 싸우는 사람은 그 스스로가 괴물이 되지 않는다고 생각할 수 있다. 그리고 당신이 오랫동안 심연을 바라본다면 심연이 당신 속을 바라본다."
>
> ―『선악의 피안』 §146

20세기 :
아무것도
과거와 똑같지 않다

카를 야스퍼스 & 장 폴 사르트르
중심에 서 있는 **인간**

카를 야스퍼스
Karl Jaspers
1883~1969, 독일

오르덴부르크에서 출생해 하이델베르크 대학, 뮌헨 대학에서 법률을 공부한 뒤 괴팅겐·하이델베르크 대학에서 의학을 수학하였다. 1913년 〈정신병리학 총론〉을 집필해 여러 가지 심리학적 방법의 검토를 통해 종래의 독단론을 비판하고 상대화한 과학적 인식의 방법을 제기하였다. 제1차 세계대전이 끝나고 〈세계관의 심리학〉을 출간하였다. 그는 이 책을 "최초의 실존철학적 저작"이라고 주장했다.

1921년 철학 교수로 전임한 뒤에 칸트, 니체의 영향을 받아 실존철학을 체계적으로 전개하였는데, 이 체계적 전개의 배경에는 20세기 서구사회가 제기하는 기계문명, 대중적 사회, 정치 상황, 특히 1차 세계대전 후의 가치전환적인 사상적 위기에 대한 깊은 성찰이 기조를 이루었다. 또한 그는 실증주의적 과학에 대한 과신을 경고하고, 근원적인 불안에 노출된 인간의 비합리성을 포착하여 본래적인 인간 존재의 양태를 전개하는 실존철학을 시대 구원의 한 방법으로 제시하였다. 〈전쟁죄책론〉, 자기 체계의 재구축을 시도한 〈철학적 논리학〉 등을 발표했다.

1920년대 말의 독일, 제1차 세계대전은 단지 제국을 휩쓸었을 뿐 아니라 그 때까지 표면상으로는 뒤집을 수 없었던 질서와 영원한 이념의 제국에 근거를 두고 있는 가치에 대한 신뢰마저도 앗아갔다. 인간은 스스로에게 매우 의심스러워졌다. 불안, 절망 그리고 무의미는 현존재의 기본상수가 되었다. 오늘날 이 개념은 다시 매우 현실적으로 들린다. 이 장에서 설명하는 실존철학은 오랫동안 20세기의 가장 중요한 사조로서 여겨졌다.

물론 실존철학이 다루는 주제들은 초기에는 없었던 완전히 새로운 것이다. 19세기의 키에르케고르에게 있어서 불안과 분리는 단순한 감정 이상이었고 인간이 믿음으로의 '도약'을 통해 피해가야만 하는 현존재의 기본 경험들이다. 여기에서 믿음으로의 도약은 역설 "그럼에도 불구하고"의 결정적인 확신으로의 움직임으로 이루어진다.

제1차 세계대전 이후 수십 년 동안 철학자들은 키에르케고르를 열정적으로 받아들였다. 그들은 모든 관념적인 상하 구조에서 벗어나 인간을 순수하게 바라보았다. 이 철학자들은 인간이 지탱할 수 있고 자신의 상을 갖게 해 주는 것이 무엇인지 찾았다. 지탱할 수 있게 해 주는 것은 인간에게 자신의 존재에서부터 자신을 이해할 수 있게 하는 것일 수 있다.

집합 개념으로서의 실존철학의 개념은 실존철학의 선구자인 마르틴 하이데거(1889~1976)가 이러한 집합 개념이라는 귀속에 대해 강하게 반항할 정도로 어렵다. 또 다른 정신적 아버지는 정신과 의사인 카를 야스퍼스로 그의 초기 저서인 『세계관의 심리학』을 통해 철학자가 되어 하이델베르크와 바젤에서 학생들을 가르쳤다. 1945년 이후 프랑스에서 철학자이자 작가인 장 폴 사르트르의 실존철학은 본격적인 삶의 양식이 된다.

모든 사람의 관심사인 '실존'이란 도대체 무엇인가? 실존이라는 단어는 인간이 존재하고 있는 단순함을 지칭하는 것이 아니라 현존재의 내적 본질을 의미한다. 내적 본질이라

장 폴 사르트르
Jean- Paul Sartre
1905~1980, 프랑스

파리에서 출생한 실존주의 철학의 대가. 2세 때 아버지와 사별하여 외조부 밑에서 자랐으며 슈바이처가 어머니의 사촌이다. 파리의 명문 에콜 노르말 쉬페리외르를 다녔는데, 젊어서 극적인 생애를 마친 폴 니장과의 교우는 그에게 깊은 인상을 심어 주었다. 졸업 후 프랑스 북부의 항구도시 루아브르의 고등학교 철학교사가 되었다. 1933년 베를린에서 후설과 하이데거를 연구하였으며 2차대전에 참전하였다가 독일군 포로가 되었으나 1941년 수용소를 탈출, 파리에 돌아와 문필 활동을 계속하였다.

1943년에 발표한 대작 철학논문 〈존재와 무〉는 무신론적 실존주의의 입장에서 전개한 결정적인 작업으로 평가받는다. 전후부터 오늘날에 이르는 사르트르의 발자취는 이른바 '사회 참여' 사상으로 특징되지만 1940년대부터 1950년대에 걸쳐 개인주의적인 실존주의에 의한 사회 참여의 한계를 인정함과 동시에 더욱 경향적인 입장을 취하게 되었다. 1964년 노벨문학상 수상을 거부하였으며 보브아르와의 계약결혼으로 유명하다. 주요 저서로 〈자아의 극복〉, 〈구토〉, 〈자유의 길〉, 〈실존주의는 휴머니즘이다〉 등이 있다.

함은 모든 피상적인 것, 신체와 인간의 능력까지도 모두 없다고 생각할 때 남아 있는 것을 말한다. 실존은 인간 자신이다. 물론 이러한 자아는 영혼 또는 품성과 혼동되지 말아야하며 윤리적인 규정과 이상들과도 혼동되어서는 안 된다. 오히려 인간이 자신의 삶을 어떻게 이해하고 형성하는지에 해당한다. 자아는 무엇인가 진행되는 과정을 지니고 있다.

카를 야스퍼스는 인간은 구체적인 상황에서 스스로에게 완전히 돌아간 후, 존재에 대해 계속해서 새로이 묻는다면 실존을 파악할 것이라고 말한다. 그러나 이것은 내적으로만 가능하다. 즉 인간이 자기 스스로와 가능성을 의식할 때 가능하다는 것이다. 이러한 과정을 야스퍼스는 '실존 해명'이라고 부른다.

"실존 해명은 실존을 인식하는 것이 아니라 실존 가능성에 호소하는 것이다."

– 『이성과 실존』 II

실존하기 위해서 인간 현존재가 이용되어야 하고 감각으

로 채워져야만 한다. 실존에 대해 묻는 것은 이성적으로 살 것을 요구하는 것이다. 채워져야 하는 감각이 무엇인지 관념적인 성찰과는 달리 실존철학에서는 처음부터 확정되어 있지 않다. 키에르케고르는 실존은 생성이라고 말했고, 윤리적인 자신 선택과 '도약'의 순간을 묘사했다.

"인간이 무엇인지 실존철학이 다시 안다고 믿는다면 실존철학은 즉시 사라질 것이다. 실존철학은 실존철학이 무엇을 모르고 있는지를 일깨운다. 실존철학은 규명하고 행동하지만 고정시키지는 않는다. 자기 자신으로 가고 있는 인간에게 실존철학은 자기 자신으로 가는 방향을 유지시켜 주는 것이며 인간 자신의 삶을 실현하기 위해 최고의 순간들을 유지시키는 수단이다. 참된 실존철학은 오늘날 인간이 다시 자기 자신으로 가는 방법을 찾는 질문이다."

-『현대의 정신적 상황』

마지막 문장은 매우 현실적으로 들린다. "자기 자신으로 가는 것" 즉 자기실현은 오늘날의 인간들에게 중요한 목표

중 하나이다. 수많은 워크숍과 세미나에서 우리는 우리 스스로와 우리 자신을 형성하는 것이 무엇인지 찾고 있다. 인간은 무엇이고, 어떤 가능성을 가지고 있는지에 대해서는 야스퍼스에 따르면 항상 구체적인 상황에서만 알 수 있고 타인과의 교류를 통해 경험할 수 있다. 그렇기 때문에 자유, 역사성과 사랑스러운 의사소통은 중요한 개념들이다.

역사성은 무상성과 인간을 결단성 있게 해 주는 깊은 의미 속의 구체적인 순간을 의미한다. 그에 따라 자유는 단순하게 억압이 없는 상태가 아니라 스스로 옳은 것을 결정하는 자유를 의미한다. 그렇기 때문에 실존철학은 윤리, 각각의 상황에서 요구되는 올바른 행동이 무엇인지에 대한 물음과 관련이 많다.

이러한 점은 야스퍼스와 사르트르에게서 나타나고 있고, 그러한 점에서 오늘날 우리는 실존철학의 후계자인 것이다. 다시 말하면 야스퍼스와 사르트르와 비교할 수는 없지만 우리는 이 세상의 운명에 대한 책임을 느끼고 있다. 극한 상황, 죽음, 투쟁, 고통과 죄에 대한 책임을 경험한 인간은 자신의 존재에 대한 질문을 하게 된다. 왜냐하면 지금까지 안전함을 주었던 모든 피상적인 것은 사라지기 때문이다.

자신의 삶의 가능성 실현이 문제가 될 때 우리는 무엇에 의지할 수 있을까? 실존 해명은 뮌히하우젠(Münchhausen : 자신의 거짓말에 자신이 도취해 버리는 거짓말쟁이-옮긴이) 처럼 실존 위기의 늪에서 자신의 머리를 끌어당기는 것, 즉 불가능한 것을 의미하지 않는가? "나는 무엇 때문인지 알지 도 못하면서 결정했다"라는 말은 위협적인 임의성을 아이러 니컬하게 묘사한 것이다. 인간이 의미가 있는 삶을 살 수 있 기 위해 노력할 때 고정점이 인간 외부에는 전혀 존재하지 않는 것인가? 일종에 차안 속에 피안인가? 그러나 야스퍼스 는 피안이 존재한다고 말했다. 이러한 피안이 없이는 충만한 실존은 결코 가능하지 않다는 것이다.

야스퍼스는 복잡한 사고 방식으로 이러한 피안에 도달한 다. 인간은 자기 자신으로 와서 다시 영역을 넘어서서 새로 운 공간을 접하고 그 안으로 들어선다. 야스퍼스는 이러한 새로운 공간을 '포괄자'라고 부른다. 항상 새로이 위치를 바 꾸는 영역 저편에 피해간 공간들 중에서 마지막 공간, 즉 마 지막 포괄자는 초월성을 의미한다. 이 개념은 "넘어선다"라는 뜻의 라틴어 transcendere에서 유래한 것이다. 야스퍼스는 초월성이라는 것을 말할 때 '신' 이라는 개념을 사용한다.

초월성은 직접적으로 경험할 수 있는 것이 아니며 단지 암호화된 채로 만나게 된다. 우리가 초월성에 손을 댄다면 모든 것은 자연, 역사, 좌절과 같은 암호화가 된다. 특히 좌절은 초월성의 결정적인 암호로 인간은 자신의 존재를 가장 심도 있게 경험할 수 있다고 야스퍼스는 말한다. 삶에서 매우 심한 고통을 경험한 인간들은 실존철학이 약간의 위로를 준다는 것을 확인할 수 있다. 즉 실존철학은 고통을 함께 하고 인간에게 자신의 가치를 준다.

야스퍼스는 수년 동안 자신의 사상을 발전시켜 나갔다. 왜냐하면 나치들이 권력을 잡았기 때문이다. 책임감으로 결정을 해야 하고, 자신의 실존을 실현시켜야 한다고 여기저기에서 외친 그의 주장은 개별자의 결정권을 박탈하는 파시즘의 대중운동과 반대되는 것이었다. 유대인과 결혼한 야스퍼스는 독재 기간 동안 강의를 하지 못했다.

1945년 이후 그리고 1948년 스위스로 국적을 바꾼 후 야스퍼스는 정치적 경고자로서 항상 시대의 주제에 대해 자신

의 의견을 피력했다. 1958년 그는 독일 출판협회의 평화작
가상을 수상했다. 그의 가장 유명한 제자인 한나 아렌트가
축사를 했다.

그 무렵 프랑스에서는 철학자이자 소설가인 장 폴 사르트
르가 공산주의 정당에서 탈당했다. 전쟁 중에 저널리스트로
서 레지스탕스를 후원했고 1964년 노벨문학상을 거절한 교
사에게 개인적인 자유와 계급이 없는 사회의 공산주의 목표
는 서로 연관되어 있었다. 그는 마르크스주의에서 개인의 자
유가 존중되지 않았다는 것을 비판했다. 사르트르에게 자유
는 중요한 개념이었지만 절대적으로 쉽고 편한 개념은 아니
었다.

"인간에게 자유는 선고된 것이다. 왜냐하면 인간 스스로
창조한 것이 아니기 때문이다. 다른 관점에서 볼 때 세상에 나
온 인간은 자신이 행하는 모든 것에 책임을 지고 있기 때문에
자유롭다. 실존주의자들은 인간이 그 어떤 지원과 그 어떤 도
움도 없이 매 순간 인간을 고려해야 할 운명이라고 생각한다."
　　　　　　　　　　　　　　　－『실존주의는 휴머니즘이다』

인간은 자신의 가치를 파악해야만 한다. 우리는 이것을 상징적으로 상상할 수 있다. 지금 한 순간의 시점에 서서 인간은 미래를 향해 움직이면서 자신을 설계한다. 인간은 자신의 가능성을 실현함으로써 미래를 향해 내닫는 것이다. 인간은 자유롭기 때문에 이것을 해야 하거나 삶을 그르쳐 엉망으로 만들 수 있다. 이러한 전진 운동으로 인간은 스스로를 창조하고 자신에게 의미를 부여한다. 실존은 본질에 우선한다. 그래서 실존과 미래를 그르칠 수 있다. 이것은 우리에게 두려움을 갖게 한다. 사르트르는 1943년 출간된 주요 저서에서 키에르케고르와 유사하게 다음과 같이 말했다.

"두려움 속에서 인간은 자신의 자유를 의식한다."

– 『존재와 무』

무(無)에 직면해서 자신의 책임을 회피하는 사람, 즉 자신의 가능성을 실현시키지 못하는 사람은 자기 자신에 대해 정직하지 못하다. 그 사람은 의식적으로 모든 상황에 참여하기 위해 자신이 참여하고 있다는 것을 알지 못한다.

무와 직면한 채 "그럼에도 불구하고"라는 행동은 알베르 카뮈(1913~1960)에게서 더 강하게 나타난다. 인간은 모든 위대한 종교적 · 철학적 계획의 좌절로 인해 인생의 무의미를 경험한다. 의미를 찾으려는 갈망은 그러나 여전히 남아 있다. 인간이 행동하고 앞으로 향하려고 노력함으로써 인간은 '부조리'(카뮈에게 있어서 중요한 개념)에 지속적으로 반항한다. 『시지프스의 신화』(1942)에서 카뮈는 하나의 상을 발견한다. 시지프스는 신에 대한 불손으로 하나의 돌을 산으로 올리게 된다. 이것은 끝이 없는 과제이다. 왜냐하면 돌은 위에 올라갔다 해도 계속해서 아래로 굴러 내려오기 때문이다. 『페스트』(1947)에서 카뮈는 반항 속에서 단결과 친교와 같은 가치들이 생겨난다고 강조했다. 1957년 그는 노벨문학상을 수상했다.

사르트르는 자신의 정치적 참여로 투쟁적이고 존경받는 지성인의 전형이 되었다. 1968년 학생폭동이 일어나자 사르트르를 체포하라는 요구에 드골 장군은 "우리는 볼테르를 체포하지 않는다"라고 대답했다.

야스퍼스처럼 사르트르는 개별자는 고립된 것이 아니라 타인과 함께라고 생각한다. 우리 자신을 의식하게 만들고, 우리를 정의하고, 우리를 객체로 만드는 우리를 향한 '타자'의 시선에 대해 논의한다. 여기에서는 우리가 대응책을 스스로 구상하고 우리 자신의 선택을 해야만 한다. 이것으로 우리가 행동하는 데에 있어 우리가 누구인지 스스로 결정하기 때문에 타자의 시선은 자신의 결정적인 힘을 상실한다.

작가이자 페미니스트인 시모네 드 보부아르와의 생활에서 사르트르는 자유롭게 사는 결정을 하려 했다. 두 사람은 평행한 애정 관계를 염두에 두면서 살자는 그들의 합의를 '계약'이라고 명명했다. 우리가 오늘날 알고 있는 것처럼 보부아르는 다른 남자에게 멋진 연애 편지를 썼다.

실존을 찾아서

마르틴 하이데거
Martin Heidegger
1889~1976, 독일

바덴 주에서 출생한 20세기 독일의 대표 실존철학자. 프라이부르크 대학에서 후설에게 현상학을 배웠으며 1923년 마르부르크 대학 교수, 1928년 프라이부르크 대학 교수 재직 후 총장이 되었다. 2차 대전 당시 나치에 협력했다는 이유로 한때 추방되기도 했다. 하이데거는 주요 저서 〈존재와 시간〉으로 유명해졌다. 그는 그 책에서 본래 주제인 존재와 시간의 관계로 되돌아가 현존재의 시간성을 실마리로 존재의 의미를 시간에 의하여 밝히는 동시에 역사적·전통적인 존재 개념을 역시 시간적인 관념에서 규명할 예정이었으나 미발표로 그쳤다. 1935년 전후를 경계로 해서 하이데거의 사색은 존재 그 자체를 직접 묻는 방향으로 향한다.

하이데거의 이와 같은 존재의 사색이 〈존재와 시간〉의 목표였던 존재 그 자체의 해명과 연속되어 있느냐 아니냐에 관해서는 여러 가지 논의가 있지만 인간 본연의 자세에 대한 견해가 변화하고 있는 것만은 확실하며, 그런 의미에서는 후기의 하이데거를 사르트르 등과 동렬의 실존주의자로 간주할 수는 없다. 주요 저서로 〈칸트와 형이상학의 문제〉, 〈형이상학이란 무엇인가〉, 〈휴머니즘에 관하여〉 등이 있다.

이번에도 역시 실존이 문제이다. 그러나 지금과는 완전히 다르다. 슈바르츠 발트의 시골 출신인 철학자 마르틴 하이데거는 인간이 실존 규명으로 자기 자신으로 온다는 것에는 별 관심을 보이지 않았다. 하이데거에게는 실존 뒤에 무엇이 있는지가 중요했다. 즉 존재가 관심사였다. 그렇기 때문에 그는 자신의 훌륭한 초기 작품을 토대로 야스퍼스와 함께 주도적 인물로 활동했음에도 불구하고 실존철학에 소속되는 것에 강하게 항의했다.

이를 좀더 재검토할 필요가 있다. 우리가 '있다' 또는 '존재한다' 라는 말을 한다면 그 뒤에는 무슨 뜻이 숨겨져 있는 것일까? 무엇인가가 있다는 뜻이지만 이것은 무(無)와 무슨 차이가 있는가? 우리는 그리스 초기 철학 이래, 즉 엘레아 학파 이래로 존재의 개념을 알고 있다. 인식할 수 있는 사물에는 무와는 정반대의 영원불변의 원칙이 있어야만 한다. 그것은 바로 존재이다.

플라톤에게 존재는 피안의 숭고함이다. 즉 이것은 선의 관념으로 모든 다른 것들은 선의 관념에 종속되어 있고, 선

의 관념을 통해 모든 것들이 존재하고 인식할 수 있는 것이
다. 아리스토텔레스는 존재라는 것
을 모든 것의 피안적 확고함으로 보
지 않았다. 오히려 존재는 질료를
완전한 형태로 만들고 구체적인
사물에 영향을 끼치며 모든 세
상을 통과하여 최고로 만들
어진 정상을 향해 매진하는
원칙이다. 이러한 최고로 만
들어진 정상은 끌어당기는 매

력으로 작용한다. 여기서의 존재는 플라톤의 존재보다 더 강
하게 세상 사물 속에 자리 잡고 있다.

칸트는 계몽주의의 완성으로 존재에 대한 인간적 사변(思
辨)에는 한계가 있음을 이끌어냈다. 우리는 사색적으로 존재
에 다다를 수 없다고 그는 말한다. 도덕적 행위와 믿음으로
"너는 해야 한다"라는 것을 체험할 때에만 존재를 경험할 수
있다. 그는 모든 존재하는 것을 자기 자신을 실현시키는 존
재(세계정신)의 발전 단계로 설명하고, 헤겔은 인간적인 삶

을 이러한 발전 단계의 한 부분으로 봄으로써 한계를 넘어서
려는 시도를 한다.

키에르케고르는 이에 반대하고 사고 방향을 바꾸었다. 그
는 인간, 개별자가 자신을 정의내릴 수 있는 기준이 되는 절
대적인 것을 찾으려 하지 않고 개별자가 시간과 영원 사이에
있으면서 자신이 의지할 수 있는 버팀목과 방향을 어떻게 찾
을 수 있을지에 대해 묻는다. 자아 선택의 순간에서 그리고
믿음으로의 도약에서 그는 답을 찾는다. 실존철학자 카를 야
스퍼스가 인간은 특히 한계 상황에서 자기 자신의 가능성에
호소하여 자신의 실존을 항상 새롭게 현실화시키고 이러한
방법으로 자기 자신으로 가는 길에 있다고 말한다면 키에르
케고르에 접목하는 것이다.

하이데거 또한 실존에 대해 숙고했다. 그의 초기 작품으
로 영향력이 큰 『존재와 시간』(1927)은 실존을 다룬 것이다.
왜냐하면 그에게 있어서 실존은 그가 희망하는 존재로 가는
길이기 때문이다. 아리스토텔레스처럼 그에게 존재라고 하
는 것은 이 세상의 아주 구체적인 것 속에서 자신을 나타내
는 방법이다.

서양 철학사에서 하이데거는 존재를 규정하는 데에 있어 오로지 실패한 시도만을 관찰했다. 왜냐하면 이러한 시도는 모든 존재를 확고한 숭고함인 것처럼 다루었기 때문이다. 이러한 시도들이 존재라는 것을 그 어떤 곳, 뒤 또는 위에 포함시킨다 할지라도 존재는 존재자, 특히 세상의 기본 또는 신 이외에는 아무것도 아닌 것이다. 신은 최고의 존재자일 뿐이고 우리가 신에 대해 묻는다면 우리는 다시 존재에 대한 질문을 잘못하고 있는 것이다.

　하이데거에게는 존재의 책략을 알아차릴 수 있는 한 장소가 있다. 그는 인간을 바라본다. 인간은 세상에서 최소한 자신의 존재에 대해 알고 있는 유일한 존재자이다. 즉 실존의 형태로든, 자기 자신으로 실현된 형태이든, 실현이 실패한 형태이든 존재에 대해 알고 있는 유일한 존재자이다. 하이데거는 실존주의 철학자들과 마찬가지로 인간은 자신의 삶을 의미가 있게 형성하거나 그르칠 수 있다고 말한다.

　실존을 관찰하는 방법을 하이데거는 현존재의 실존적 분석이라고 불렀다. 이 방법은 소위 말하는 현상학에 의거한다. 이것은 하이데거의 유대인 교사인 에드문트 후설(1859~

1938)이 기초를 세운 매우 영향력이 있는 사조이다. 하이데거는『존재와 시간』을 후설에게 헌정했다. 그러나 1941년 제5판에서 이 제자는 출판사가 희망한다고 말하면서 헌정을 취소했는데 이는 그의 인생에서 가장 어두운 한 면이 되었다. 나치즘에 하이데거가 연루된 것은 오늘날까지도 연구 대상이고 격렬한 토론의 대상이다. 그는 종전 후부터 1951년 정년퇴직할 때까지 강의를 하지 못했다. 그는 개인적으로만 계속 연구하고 출판했다.

다시『존재와 시간』으로 돌아가 보자. 여기에서 현상학을 설명하는 것은 너무 멀리 온 것 같지만 현상학은 인간의 의식 속에서 나타난 것처럼 세상을 순수하게 볼 것을 요구하고 있다. 실존 분석에서 하이데거는 인간의 현존재를 이렇게 관찰했다. 다시 말하면, 과거의 가정과 이론 없이 현존재 자체가 스스로 체험하는 것처럼 순수하게 관찰한 것이다. 그는 자신이 실존 범주라고 명명하는 인간의 현존재의 기본 구조를 발견했다.

첫 번째는 "세계 내 존재"이다. 우리는 이 세계의 사물들을 '도구', '손안에 있는 것'으로서 조심스럽게 다룬다. 우리는 세상에서 다른 사람들과 함께 하며 그것은 '공존재'이다. 우리는 대부분 "그에게 귀속되어 있다." 이 말의 뜻은 우리는 우리 자신을 의식하지 못한 채 매일 매일 평범하게 살고 있다는 것이다. 실존철학적으로 표현한다면 우리는 '본래적' 대신 '비 본래적'으로 살고 있다는 것이다. '그 사람'은 익명의 평범함이다.

우리는 왜 그리고 무엇 때문에 살고 있는지 알지 못한 채 세상에서 살고 있다. 다시 말하면 우리는 "내던져진 것이다." 우리가 스스로 우리 인생에 방향을 잡아주기 때문에, 다시 말하면 계획해야만 하기 때문에 우리의 현존재는 "내던져진 계획"이다. 이러한 요구들과 이것을 충족시키지 못할 때 생기는 위험은 두려움(키에르케고르처럼)을 초래한다. 우리는 다른 존재하는 것에는 덜 두려워하지만 우리의 "내던져진 존재"는 우리를 두렵게 만든다. 그 이유는 무엇일까? 우리의 현존재에 운명처럼 속해 있는 죽음이 있기 때문이다.

우리의 현존재는 "죽음을 향한 존재"이다. 이러한 유한성에서 하이데거는 인간 현존재의 가장 중요한 기본 규정에 도달했다. 즉 그것은 시간이다. 시간은 그의 책제목으로도 사용되었다. 시간성은 우리의 현재는 우리의 과거와 미래 사이에 얽매여 있다. 우리의 현존재와 존재는 항상 시간의 지평 앞에서 이해해야 한다. 시간은 어쩌면 존재로 가는 열쇠일까?

> "시간 자체는 존재의 지평으로서 판명되는가?"
>
> -『존재와 시간』§83

이러한 질문으로 『존재와 시간』은 끝을 맺는다. 이 책은 독자들에게 자기 스스로를 새로운 시선으로 바라볼 수 있도록 해 주기 때문에 선풍적인 인기를 끌었다. 또한 우리의 삶이 유한하기 때문에 긴장감이 있고 중요하다는 것을 확실하게 표명하기 때문에 인기를 끌었다. 그리고 우리가 우리의 삶을 실존 범주 안에서 형성된 것처럼 자기 이해를 토대로 이끌어간다는 것을 보여주었기 때문에 인기가 있었다. 누구나 자신이 '그'에게 귀속되어 있는 것을 예감하고, 자기 스스로가 자신의 과거와 미래 사이에 얽매여 있다는 것을 알게 된다. 누구나 자신의 삶을 계획하고, 삶을 그르치게 되는 것을 두려워한다.

그러나 『존재와 시간』은 특히 언어 때문에 비판도 받았다. 존재의 발견보다 정당한 사회에 관심을 더 가졌던 테오도르 W. 아도르노(1903~1969)는 '본질적인' 또는 '비본질적인 삶'에 대해 철학적으로 고려하면서 "본래성의 은어"에 대해 오만하게 이야기한다. 하이데거의 언어는 매료시키기도 하고 기분 나쁘게도 한다. 언어는 장난이 아니며 철학의 일부이다. 존재가 사상적 정상에 오를 수 있는 것이 아니라 인간 현존재를 고찰하는 것을 통해 간접적으로 알 수 있는 것이기 때문에 인간의 언어 속에서 확실해진다.

"언어는 존재의 집이다."

– 『휴머니즘에 관한 편지』

말하는 존재로서 인간은 이러한 집의 파수꾼이다. 하이데거는 1930년대 중반부터 그의 방향 전환에 따른 자신의 창조의 두 번째 단계에서 이러한 사상적 확장을 전개했다. 그는 인간적 존재의 기본 구조를 규명하면서 존재를 더 이상

이해하려고 한 것이 아니라 완전히 정반대의 길을 갔다. 존재는 자기 스스로를 비추면서 (숲속의 빈터를 생각한다) 나타난다고 그는 말한다. 인간은 탈존하면서 존재의 진실, 즉 존재의 비은폐성이 생기는 이러한 숲속의 빈터에 있다(하이데거는 이제 실존 대신 라틴어로 exsistere, 즉 말 그대로 '나타나다'의 뜻인 탈존을 말했다). 빈터는 특히 언어 속에서 나타나고 인간은 존재의 집인 언어 속에서 산다. 특히 라이너 마리아 릴케(1875~1926)와 횔덜린과 같은 시인들을 하이데거는 언어의 집의 파수 관청이라고 표현했다.

여기에서 하이데거를 개념적으로 그리고 사상적으로 따라가는 것이 어려울 수 있다. 하지만 그의 저서 또는 언어들이 우리를 진실과 분명함이 있는 멋진 곳으로 인도하는 것처럼 우리를 감동시킨다는 것은 분명하다. 하이데거의 이러한 말기 사상에 대해서는 당분간 더 이상 이해하지 못할지도 모른다.

악의 평범성에 대해

한나 아렌트
Hannah Arendt
1906~1975, 독일

1906년 독일 하노버 근교에서 태어난 유대인 현대 철학자. 5세 이후로는 쾨니히스베르크에서 성장하였다. 어린 시절부터 왕성한 지적 호기심을 보였고 유대인으로서의 자의식을 지녔는데, 이는 그녀의 삶과 사상에 큰 영향을 미쳤다. 마르부르크 대학에서 철학, 신학, 그리스어 등을 공부하던 중 자신을 가르치던 교수 하이데거와 사랑에 빠졌으나 그와의 사랑은 지속되지 못하였다. 1928년 야스퍼스의 지도를 받으며 아우구스티누스의 사랑의 개념에 대한 논문을 발표하여 박사학위를 받았다. 1929년 철학자 귄터 슈테른과 결혼하였으나 1933년 유대인이라는 이유로 체포되었다가 석방된 후 파리로 도피하였으며, 1941년 미국으로 건너가 뉴욕에 정착하였다.

뉴욕에서 〈건설〉 등의 잡지에 글을 기고하였으며, 유대인의 문화유산을 지키기 위해 설립된 유대문화재건기구의 의장으로 활동하였다. 1953년부터 프린스턴, 케임브리지, 버클리 등에서 교편을 잡았다. 아렌트는 스승 하이데거의 현상학적 실존주의를 정치이론에 적용하여 현대사회에서 방향성을 잃은 군중들의 '세계 상실'을 설파한 철학자로 인정받는다. 주요 저서로 〈폭력의 세기〉 등이 있다.

"나는 두렵다. 나는 처음으로 이의를 제기해야 한다.
나는 철학계에 속한 사람이 아니다. 나의 직업 ─사람들이 그
렇게 말해 준다면─ 은 정치적 이론가이다."

─ '나는 이해하려고 한다' 라는 TV 프로그램에서

귄터 가우스와의 대담

담배 연기에 싸여 낮은 음성으로 자신이 철학자로 불려지
는 것에 대해 강력하게 이의를 제기하는 이 여성은 20세기의
위대한 사상가에 속한다. 한나 아렌트는 그녀의 사상 때문만
이 아니라 심적 독립성과 대중의 지지를 받지 못하는 것을
말할 수 있는 용기 때문에도 위대한 사상가라고 할 수 있다.

그녀는 야스퍼스와 하이데거에게서 철학을 배웠다. 하이
데거와 그녀는 나이가 들 때까지 비밀스럽게 애정 관계를 유
지한 것으로 유명하다. 그녀는 박사학위 취득 후 대학에서
일할 수 있는 기회를 거절했다. 자유가 더 중요했기 때문이
었다. 유대인인 그녀는 1933년 26세의 나이로 망명했다. 파
리에서 여러 해 망명 생활을 하는 동안 그녀는 유대인 구제

기관에서 일을 했다. 1941년 미국으로 건너간 뒤에는 남편 하인리히 블뤼허와 함께 뉴욕에 정착했다.

망명 이후 처음으로 한나 아렌트는 "타향에서 온 소녀"가 아니었다. 유대인이었던 그녀는 자신이 항상 외지에서 온 사람이라고 느꼈었다. 그녀의 첫 작품은 낭만주의 시대의 여자로서 그리고 유대인으로서 똑같이 아웃사이더로 느끼고 있었던 독일 유대인인 라엘 바른하겐에 대한 이야기였다. 제네바에서 남편 블뤼허에게 쓴 1936년 8월 12일자 편지에서 그녀는 "라엘은 이미 100년 전에 죽은 나의 진정한 친구"라고 썼다.

미국에서 한나 아렌트는 1953년부터 대학 교수가 되어 강단에 서게 된다. 그녀는 영어로 책을 썼지만 정신적 고향인 모국어를 늘 간직하고 있었다. "미쳐버린 것은 독일어가 아니다"라고 1964년 그녀는 귄터 가우스에게 말했다.

학자로서 한나 아렌트는 현대 대중사회에서의 힘과 권력, 소외와 고립의 현상을 분석했다. 그녀의 저서 『활동적 삶』에서(독일어판은 1960년에 출간, 영어판은 『인간의 조건』이라는 제목으로 1958년에 출간) 그녀는 노동 세계와 소비 세계

에서 살고 있는 현대인의 소외와 정신적 기반의 박탈에 대해
연구하고, 이러한 삶의 방식은 공동사회를 위한 가치, 즉 정
치적인 가치를 파괴한다고 규명했다. 아렌트에게 있어서 글
을 쓰는 것은 자신의 이해 과정의 일부분이었다. 이해한다는
것은 그녀에게 중요한 관심사였고 이러한 소망으로 그녀는
철학에 발을 들여놓았다. 그녀는 공동의 이해 속에서 그리고
친구들과의 대화 속에서 고향을 발견했다.

"남자들은 대단히 즐겨 영향을 미치려고 한다. 나는 그
것을 어느 정도 외적인 것이라 본다. 나 스스로도 그러한가?
아니다. 나는 이해하려고 한다. 그리고 다른 사람들이 —내가
이해했던 것과 같은 의미로— 이해한다면 그것은 나에게 고향
의 마음 같은 만족감을 준다."

– '나는 이해하려고 한다' 라는 TV 프로그램에서
귄터 가우스와의 대담

그녀의 이해를 향한 관심은 전체주의 현상에 쏠려 있었
다. 그녀가 미국 시민이 되던 해인 1951년에 『전체주의의 기

원』이라는 책이 출판되었다
(독일어 제목은 『전체주의
권력의 요소와 기원』이며
1955년 발행되었다). 아렌트
는 1942년 말, 유대인
의 체계적 학살에
대한 첫 소식이 미국
으로 건너온 이후로
망명자들을 지배한 충격과
현실에 대해 다루려고 시도했다.
그리고 그녀는 그녀의 연구에 20세기의 다른 전체주
의 정권을, 즉 소비에트 독재자를 포함시켰다.

그 책이 아렌트를 유명하게 만들었을 때 나치 범죄자인
아돌프 아이히만의 재판에 대한 보고서 또한 그녀를 유명하
게 만들었다. 『예루살렘의 아이히만』은 1년 뒤인 1963년에
독일에서도 출판되었고 수년 동안 논쟁의 대상이 되었다. 그
이유는 '악의 평범성에 대한 보고서' 라는 부제에서도 알 수
있다.

"아이히만의 입에서 나오는 혐오스러워 전율을 일으키는 말들은 무섭다기보다는 오히려 우습게 들린다. 어릿광대와 관계가 있다고 의심하지 않을 수 없다. 이러한 의심은 재판이 불합리하다는 것을 증명하는 것이었고, 아이히만과 그와 같은 부류의 수많은 사람들이 가했던 고통을 직면하면 참기 어렵기 때문에 그의 어릿광대와 같은 행동은 거의 인식하기 어렵고 결코 보고되지도 않았다."

– 『예루살렘의 아이히만』 3장

유대인 대학살에서 살아남은 많은 사람들은 이러한 문구들을 극악무도한 일을 하찮게 여기는 것으로 생각했다. 그러나 이것은 아렌트의 의도가 아니었다.

"내가 주로 의도한 것은 악의 대가에 대한 전설, 그의 흉악하고 악마와 같은 권력의 전설을 깨려고 하는 것이며 거대한 악인에게 품고 있는 사람들의 경탄을 없애고자 하는 것이다."

– '나는 이해하려고 한다' 라는 TV 프로그램에서
로저 에레라와의 대담

매료되는 대신 악은 '사랑하는 가족의 아버지'의 형태와 '착실한 공무원'의 형태로도 나타날 수 있다는 견해가 대두되었다. 왜냐하면 아돌프 아이히만이 유대인의 대량 학살을 가능하게 했던 복종이라고 하는 것은 바로 무책임의 또 다른 면이기 때문이다. 아렌트는『활동적인 삶』에서 이러한 무책임을 현대 인간의 표상으로 서술했다.

1973년 그녀는 악을 우습게 묘사하는 것이 상처를 입혔을 수 있다는 것을 인식한다. 이제 사람들은 아이히만에 대한 아렌트의 생각은 예루살렘에서의 아이히만의 자기 과시에 영향을 받았다는 것을 알고 있다. 많은 사람들은 집단 살인자가 자신의 죄를 은폐하기 위해 의식적으로 자신을 "테러 활동에서의 작은 바퀴"로 단순화시켰다는 것을 알고 있다. 흥미롭게도 오늘날 이스라엘 사람들은 아렌트의 의도에 대해 토론할 준비가 되어 있다.

철학자인 아렌트는 친구들이 있는 자리에서 손에 담배를 들고 숨을 거두었다. 상투적이지 않은 생각을 할 수 있는 그녀의 용기는 항상 다른 사람의 모범이 되었다. 또한 무조건적이고 맹목적인 복종에 대한 경고는 항상 가치가 있다.

반증의 기술

칼 라이문트 포퍼
Sir Karl Raimund Popper
1902~1994, 오스트리아

오스트리아 태생의 영국 자연과학, 사회과학 철학자. 빈 대학에서 수학, 물리학, 심리학을 공부한 뒤 뉴질랜드 캔터베리 대학에서 철학을 가르쳤다. 1945년 런던경제대학에서 논리학을 강의했고, 1949년부터 1969년 퇴임할 때까지 논리학과 과학방법론 교수로 재직했다. 지식은 정신의 경험에서 진화한다고 믿음으로써 결정론에 반대하는 형이상학을 내세웠다.

과학철학에서 포퍼의 주요 업적은 경험과학에서 귀납적 방법에 반대한 점이다. 귀납적 방법을 내세우는 전통적 견해에 따르면 과학적 가설은 그 가설을 지지하는 관찰 결과가 반복적으로 나타남으로써 검증되고 입증될 수 있다. 포퍼는 이러한 방법 대신에 자신이 명명한 '반증 가능성 기준'을 통해 가설을 연역적으로 검증할 수 있다고 주장했다. 이 방법에 따르면 과학자는 자신이 가정한 규칙에 대해 예외적인 관찰 사례를 발견하려고 한다. 이때 반증이 성립하지 않으면 그의 이론은 증명된다. 포퍼에 따르면 점성학, 형이상학, 마르크스주의 역사이론, 프로이트주의 정신분석학과 같은 사이비 과학은 반증 가능성의 원리에 어긋나기 때문에 경험과학이 될 수 없다. 주요 저서로 〈열린 사회와 그 적들〉, 〈역사주의의 빈곤〉 등이 있다.

19세기 자연과학의 진보에 고무되어 20세기 전반기에 철학자들은 더 이상 인식을 할 수 있는 조건들을 연구하지 않는다고 사람들은 믿었다. 철학의 과제는 학문의 방법을 비판적으로 감독하는 것에 있다. '첫 번째 원인'인 신 또는 존재처럼 규정할 수 없는 사물에 대한 숙고는 의미가 없고 형이상학적인 것으로 거부하게 된다. 이러한 숙고는 문학작품 영역에 속한다고 생각하는 것이다.

자연과학은 실증적인 학문을 의미한다. 왜냐하면 자연과학은 실재적으로 주어진 것, 즉 감각 인지를 통해 규정할 수 있고 충분한 장비가 있으면 측정도 가능한 것을 다루기 때문이다. 19세기에 오귀스트 콩트(1798~1857)는 소위 실증주의 철학의 토대를 마련했다. 실증주의는 20세기에 신실증주의라는 이름으로 진화되고 그 이후 논리적인 실증주의가 생겼다. '논리적'이라고 하는 것은 논리학에 주의를 기울이기 때문이다. 다시 말하면 학문적인 단정이 논리적인지 그렇지 않은지에 대해 주의를 기울이는 것이다. 논리정연한 언어는 인식의 정당성을 측정하는 척도로 간주된다.

논리적 실증주의는 초기 단계에서 천재적인 루트비히 비트겐슈타인(1889~1951)을 중요한 증인으로 보고 있다. 그는 그의 저서 『논리철학논고』에서 이야기할 수 있는 것은 무엇이고 언어가 실행할 수 있는 것은 무엇인지에 대해 숙고한다. 그의 결론은 다음과 같다.

"말할 수 없는 것에 대해서는 침묵해야 한다."

– 『논리철학논고』 7

유명해진 단순한 이 문장은 ―이 문장을 분석하기 이전에― 우리에게 실제적인 영역에서 말은 책임 있게 해야 한다는 것을 상기시켜 준다. 우리가 이해하지 못하는 사물에 대해 얼마나 자주 우리는 수다를 떠는가? 우리는 아무것도 이해하지 못하는 것을 감추기 위해 말로 얼마나 자주 가상현실을 만들어내는가? 우리는 존중을 나타내기 위해 지켜야 할 한계를 말로 얼마나 자주 넘는가? 그러므로 의심하면서 침묵하는 것이 어떤 대가를 치르고라도 무언가 말하려 하고, 잘못된 것을 표현하는 것보다 더 좋다.

비트겐슈타인이 이 문장으로 말
하려고 한 것은 다음과 같다. 종
교적, 신화적인 사물들을 말로
표현할 수 있는 문장으로는 표
현할 수 없기 때문에 언
어 능력의 밖에 있는 것
이다. 신실증주의자들은
이 문장을 오해했지만 우
리는 언어적 한계를 가지고
있기 때문에 도달할 수 없는

그 무언가의 피안에 테마들이 놓여 있다는 것을 그는 부정하
려고 하지 않는다. 이것은 유명한 문장보다 먼저 생긴 원문
의 구절에서 볼 수 있다.

"모든 가능한 과학적 질문에 대답된다 하여도 우리는
우리의 삶의 문제들이 여전히 언급되지 않은 채로 있다는 것
을 느낀다."

– 『논리철학논고』 6.52

칼 라이문트 포퍼는 빈에서 태어나고 자랐다. 그는 비판을 받기는 했지만 빈 학단과 연결된 신실증주의 철학자들과 수학자, 자연과학자들과 교류했다. 그중 가장 중요한 사람은 루돌프 카르납(1891~1970)이다. 빈 학단의 창립자인 모리츠 슐리크(1882~1936)는 1936년 학생이 쏜 총에 맞아 죽었다. 얼마 되지 않아 빈 학단은 해체되고 나치 독일의 의해 오스트리아가 점령된 후 대부분의 회원들은 망명해야만 했다. 유대인이자 좌파의 반대자였던 칼 포퍼의 운명 역시 바뀌었다. 나치는 16명의 회원들을 —그들은 모두 나이가 많았다— 죽였으며 포퍼는 기사 서임식을 받은 영국으로 건너가 고향처럼 지냈다. 독일에서 그는 훗날 많은 주목을 받았으며 독일연방 수상이었던 헬무트 슈미트와 가깝게 지냈다.

반론 또는 논박(falsifikation : 잘못된, 틀린이라는 뜻의 라틴어 falsus에서 유래)이라는 개념은 특히 칼 포퍼와 관련이 깊다. 포퍼는 빈 학단과 분리하면서 이 개념을 발전시켰다. 그는 의미 있고 논리적인 문장을 얻기 위한 노력으로 실증, 입증(verifikation : 참된, 실제의, 이성적인이라는 뜻의 라틴어 verus에서 유래)이라는 개념을 발전시켰다. 하나의 진술을 입증하는 것은 진술이 사실인지 아닌지를 검토하는 것이고 충분한 개별 사례 검토를 통해 진술이 확실하여 개별적 사례에서 일반적인 원칙을 끌어낼 수 있는 것인지 검토하는 것을 의미한다.

"무엇에 대해 이야기할 수 없겠는가?"라는 모토에 따라 진술을 입증할 수 있는 가능성이 있는 문장들은 빈 학단의 사상가들에게 의미가 있는 것으로 간주되었다. 어쨌든 그들은 과학적 진술을 입증하는 것이 가능하다는 것을 전제로 한다. 포퍼는 1934년 출간한 『탐구의 논리』에서 이러한 전제에 이의를 제기했다. 그럼에도 불구하고 빈 학단은 이 저서를 고유 총서로 내놓았고 이것은 관대함을 보여주는 것이었다.

"우리의 경험에 의하면 귀납법은 존재하지 않는다. 이론에 대해 '경험'을 통해 입증된 특별한 진술에 대한 결론은 논리적으로 허용되지 않는다. 이것으로 이론들은 결코 경험적으로 증명할 수 없다. 그러나 이제 우리는 경험을 통해 확인할 수 있는 그러한 체계만을 인정하려고 한다. 이러한 숙고는 분리 기준으로서의 입증이 아니라 체계의 논박을 제안하는 사상을 시사하는 것이다. 경험에 근거하는 과학적인 체계는 경험 때문에 실패할 수밖에 없다."

– 『탐구의 논리』 제1부 1장, 6

예를 들어 "여기는 내일 비가 내릴 것이다"라는 문장은 포퍼에게 경험적이다. 이러한 진술은 내일 날씨를 통해, 즉 비가 오지 않으면 반증될 수 있다. 하지만 이와 반대로 "여 기는 내일 비가 오거나 오지 않을 것이다"라는 문장은 경험 적으로 언급되어진 것이 아니다. 이 문장은 논리를 보여 주 고 경험을 통해 반증되지 않는다.

반론의 장점은 무엇인가? 하나의 이론이 개별적 사례를 통해 최종적으로 입증될 때까지 기다리지 않아도 된다는 점 이다. 물론 항상 가능한 것은 아니다. 내일 날씨에서도 그렇 겠지만 모든 백조들이 흰색이라는 진술은 더욱 어려워진다. 검은 백조가 나타나지 않는다고 누가 보장하는가? 입증은 항상 할 수 있는 것은 아니지만 반론은 가능하다. 포퍼는 학 자들에게 그들의 이론을 가장 가능성 있는 이론의 도움으로 철저하게 검토하고 자신들의 원래의 전제를 반증된 것으로 인정하는 전제 조건들을 규정할 것을 요구했다. 이렇게 하는 사람은 기초가 잘 세워진 이론을 세우게 될 것이다. 또한 이 이론들은 그만큼 더 가치가 있다. 반증은 학문적 품질관리를 의미하는 것이다.

이론들을 반론하면 할수록 그리고 배제하면 할수록 진실에 근접하게 된다. 이것은 쉽게 생각할 수 있는 끝없는 과정이다. 이러한 과정이 끝이 없다면 이것은 결국 오류가 없는 인식은 없다는 것을 의미한다. 포퍼는 이를 아주 객관적으로 표명했으며 학자들뿐만 아니라 모든 생각하는 사람들에게 겸손해야 한다는 것을 암시했다. 왜냐하면 반론의 원칙은 실험실과 두뇌 공장에서뿐만 아니라 우리가 전제를 근거로 해서 어떤 식으로든지 행동하고 어떻게든 결정이 필요한 곳에서는 필요하기 때문이다. 이것은 우리의 전제와 이것을 통한 우리의 결정은 언제든지 반박될 수 있고 비판을 받아들일 준비를 항상 하고 있어야 한다는 사실을 상기시킨다.

칼 포퍼의 사상은 비판적 합리주의라는 이름 하에 확고한 기반을 얻었지만 철학자들에게보다는 자연과학자들에게 더욱 확고한 지지를 얻었다. 아인슈타인은 이미 일찍이 그의

생각에 동의했다. 열린 과정으로서의 학문에 대한 포퍼의 비
전은 그의 정치적 철학에서도 계속된다. 1945년 그는 『자유
사회의 철학과 그 논적(論敵)』(우리나라에서는 『열린사회와
그 적들』이라는 제목으로 간행되었다─옮긴이)을 출간했다.
여기에서 민주주의의 옹호자는 폐쇄적인 사상 체계, 즉 전체
주의의 사회 체계 형성을 촉구한 플라톤과 헤겔, 마르크스와
같은 철학자들을 비판한다. '열린 사회'라는 포퍼의 개념은
정치적 용어로 받아들여지기 때문이다.

거짓된 삶 속에 올바른 삶은 존재하지 않는다
프랑크푸르트 학파

🐾**프랑크푸르트** 학파라는 이 명칭은 프

로그램이다. '비판이론'은 1924년 철학의 주요 도시인 프랑

크푸르트에 '프랑크푸르트 사회연구소'를 세운 젊은 학자들

에게서 시작되었다. 훗날 소위 말하는 프랑크푸르트 학파의

목표는 정당한 사회가 되기 위한 토대를 여러 학문 분야에

걸쳐 연구하기 위해 마르크스주의를 프로이트 심리분석과 사회학과 같은 다른 전문 분야에 접목시키는 것이었다. 프랑크푸르트 학파에서 개별자는 노동력과 소비자로서의 물질적 교환 가치로 경감되어지지 않는다.

그렇다면 왜 '비판적'인가? 먼저 존재는 의식을 규정한다는 마르크스주의 인식에 맞게 모든 이론들을 자유롭게 변경하는 대신 비사회적인 관계와 지배 구조를 강화시키는지 아닌지를 비판적으로 검토해야만 하기 때문이다. 또한 이론의 창시자들의 견해에 따르면 비판 이론도 예외는 아니다. 학문, 문화와 사유 구조에서 비판 이론은 지배와 억압의 이념적 토대의 가면을 벗기려고 한다. 여러 분야를 포함하는 비판 이론의 시작은, 예를 들어 대중매체 또는 권위주의적인 인물들을 날카롭게 분석하는 것이다.

비판 이론의 이러한 비판적 시선은 매일 소비자와 수령자로서 우리가 마주치는 것들이 불공평과 차별을 확고하게 하는지 아닌지를 물어보도록 우리를 고무시킨다. 사회에서의 여성 해방주의적인 시선 역시 비판 이론의 결과물이라 할 수 있다.

그러나 프랑크푸르트 학파의 연구자들은 마르크스주의의
전통적 자본주의 비판뿐만 아니라 칸트 이론에도 날카로운
메스를 가했다. 칸트는 인간의 이성이 인식적이고 윤리적으
로 행할 수 있는 것에 대한 그의 연구를 '비판'이라고 했다.
그에게 있어서 이성은 철학의 형태로 자신의 역할과 한계를
검토해 주는 것이다. 이것이 계몽주의의 완성이었다. 프랑크
푸르트 학파의 사상가들은 계몽주의가 이성으로부터 새로
운 신화를 만들었고 그것을 통해 자신의 해방을 추구하는 힘
을 얼마나 빼앗겼는지에 대해 연구한다. 계몽주의 이전의 인
간은 자연에 복종했었다. 왜냐하면 인간은 자연 속에서의 마
법의 힘(애니미즘: 원시신앙)을 보았기 때문이다. 이성이 강
조되면서 인간은 이웃과 자기 자신의 보존을 가능한 근본적
으로 확실히 하기 위해 마법의 힘을 잃은 자연에 복종했다.

　　"정신의 물화로 인간들의 관계와 각각의 개별자들의
자기 자신과의 관계도 악령에 사로잡힌다. 인간은 인습적인
반응 방식과 객관적으로 기대되는 기능들의 합류점으로 줄어
든다. 애니미즘은 사물에 영혼을 불어넣어 주고 산업주의는

영혼들을 물화한다."

－『계몽의 변증법』

인간은 자본주의 경제에서 물건을 다루듯이 똑같이 자기 자신과 자신과 같은 사람들을 다룬다. 노동은 분배되고 지배 구조가 형성되어 강화된다. 이러한 지배 구조에서 비판적 시선을 가능하게 하는 이성은 통치자들을 위한 출세 조력자가 된다. 지배자들의 운명은 조력자의 운명보다 낫지 않다. 지배자들은 현실과 동떨어져 지휘 자세로 경직되어 있고 또 다른 지배자들은 두꺼비처럼 의존적이고 둔하다. 이렇게 프랑크푸르트 학파는 날카롭게 비판한다.

성숙해야 하는 계몽주의는 자기 자신과 정반대로 새로운 미성숙을 야기한다. 그래서 계몽주의는 변증법적이라고 비판 이론 사상가들은 말한다. 이러한 것을 사상가들은 헤겔의 변증법과 접목시켰다. 헤겔은 역사적 상황은 항상 자신의 모순을 자체에 지니고 있다고 설명했다. 이러한 모순에서 새로운 전체가 야기되기도 한다.

『계몽의 변증법』은 막스 호크하이머(1895~1973)와 테오도르 W. 아도르노의 에세이 모음으로 —1944년에서 1947년에 걸쳐 집필되었다— 프랑크푸르트 학파의 주요 저서이다. 이 두 사상가 이외에 중요한 사상가로는 헤르베르트 마르쿠제(1898~1979), 에리히 프롬(1900~1980)과 더 넓은 영역의 발터 벤야민(1892~1940)이 있다. 이들 모두는 나치 독재 기간 동안 망명해야 했다. 발터 벤야민은 도주 중에 자살을 했으며『계몽의 변증법』은 미국에서 완성되었다.

호크하이머와 아도르노는 1950년대에 프랑크푸르트로 되돌아갔다. 아도르노는 특히 1951년 출간된 금언 모음인 『최소한의 도덕(미니마 모랄리아): 상처받는 삶으로부터의 반성』을 통해 유명해졌다. 여기 유명한 한 문장이 있다.

> "거짓된 삶 속에 올바른 삶은 존재하지 않는다."
>
> -『최소한의 도덕』18

이것은 나치즘에서뿐만 아니라 모든 것이 물화되고 교환될 수 있게 된 사회에서도 개별자로서 다른 올바른 원칙에 따라 사는 것이 불가능하다는 뜻이다.

'68운동'은 비판 이론에 바탕을 두고 있다. 학생운동의 와중에 아도르노는 증오스러운 대학 체계의 대표자로서 스스로 급진적인 행동가의 비판의 대상이 되었다. 여학생들은 가슴을 드러내고 강단을 점거했다. 아도르노가 연구소를 점거한 학생들에 맞서기 위해 1969년 초 경찰을 부른 것이 역사의 쓰라린 아이러니이다. 이러한 격론에 지칠 대로 지친 아도르노는 얼마 후 심근경색으로 세상을 떠나고 말았다.

이어 프랑크푸르트 학파 2세대로 현재 독일 철학의 가장 중요한 사람이 등장한다. 그는 바로 수년 동안 프랑크푸르트 대학에서 철학과 교수로 있는 위르겐 하버마스(1929년 출생)이다. 그는 자신의 스승들보다 이성에 관해 덜 회의적이다. 스승들이 이성 안에서 인간의 자본주의적 물화의 도구를 보았지만 그는 그와 반대로 체계(관료주의와 상업주의)로 인해 식민화되어 가는 개별자의 삶의 세계를 보호해야 한다고 믿었다. 이것은 언어를 통해 이루어진다. 말을 하는 사람은 자유롭게, 즉 성숙하고 자치적으로 의사소통을 할 수 있다는 것을 전제로 하기 때문이다. 언어는 자유 가능성을 내포하고 있다.

인간이 말을 할 때 단어들은 허망하고 무의미한 것이 아니라 하나의 행위를 의미한다. 우리가 아무도 억압하지 않고 모든 의견을 존중해 주는 방법으로 서로 이야기를 한다면 이것은 정당한 행위를 의미한다. 왜냐하면 우리의 사회는 의사소통을 통해 살아 있는 것이기 때문이다.

이러한 사상으로 하버마스는 칸트에 접근했다. 칸트는 『실천이성비판』에서 우리의 도덕적 행위의 토대를 규정지으려 했다. 하버마스는 도덕적 행위의 토대는 개별자에게 있는 것이 아니라 인간들 사이의 영역, 즉 의사소통 속에 있다고 주장했다. 우리가 윤리를 필요로 한다면 그것은 틀림없이 의사소통의 윤리여야 한다. 이 윤리는 논거의 솔직한 교류를 의미한다. 의사소통적 이성의 도움으로 인간은 관료주의와 상업주의의 소외된 힘에 저항할 수 있다. 인간은 오늘날 그것을 위한 여유를 가지고 있다.

　　"현대 사회에서는 규범적인 상황에서 벗어난 상호작용
이 일어날 수 있는 우연성의 활동 여지가 더 넓게 확대된다.
의사소통 행위를 하는 것은 가족적 개인 영역의 탈 제도화된

교류형태에서 뿐만 아니라 대중매체를 통해 각인된 여론에서
도 실제적으로 사실로 나타나고 있다."

– 『의사소통행위이론』 2권, VIII, 3

하버마스는 민주주의 법치국가의 헌법과 정치적 참여의
가능성에서 의사소통 이성이 가장 잘 실현된다고 보았다. 그
렇기 때문에 과거 비판 이론의 이상에 대한 배신으로 그는
비난을 받았다.

의사소통 이성이 행위로 실행되는 언어는 어떻게 보이는
가? 하버마스는 그의 담론 윤리에서 지배로부터 해방된 의
사소통의 상(像)을 그렸다. 지배로부터 해방된 의사소통의
참여자들은 실제적으로 서로 의사소통을 하려는 목적을 가
지고 있다(합의). 그러한 언어는 이해할 수 있어야 하고, 내
용적으로 진실되고, 말하려는 의도가 진실해야 하며, 언어에
기본이 되는 규범에 관련되는 것이 올바른 것이어야 한다.
지배로부터의 해방과 합의의 강조는 하버마스의 담론 개념
을 오늘날 주도적인 미셸 푸코의 담론 개념과 구별하게 한
다. 그는 담론에서 오히려 사회적 힘의 구조를 본다.

시간이 흐르면서 하버마스는 수많은 공적인 논쟁에서 자신의 의견을 밝혔다. 예를 들면 대학살을 기원적으로 고찰해 아시아와 볼셰비키의 만행(터키인의 아르메니아인 학살, 스탈린주의)과 비교하려고 하고 경시하려고 했던 1980년대 중반의 '역사가 논쟁'에서도 자신의 의견을 밝혔다. 여기에서 하버마스는 독일인에게 있어서 오늘날 유일한 국민 감정인 '헌법 애국주의'의 개념을 차용했다. 이것은 계몽주의적이고 잘못된 규범에서 해방시키는 언어의 힘에 대한 좋은 예이다.

　담론 윤리를 개인생활과 직장에서 이루어지는 아주 개인적인 의사소통 행위에도 적용할 수 있다는 것은 분명 해볼 만한 일이다. 우리는 어디에서 진실을 말하는가? 우리는 어디에서 후견인 행세를 하거나 교묘하게 다룰 것인가? 우리는 어디에서 잘못된 규범을 근거로 삼는가? 이해, 진리, 진실성과 정당성은 지배에서 해방된 담론의 네 가지 특징으로 어느 미국 정신과 상담자보다 관계 위기를 완화시키는 데 도움이 될 것이다.

진실은 밝혀진다
구조주의에서 **해체주의**까지

   자크 데리다는 죽었다. 그렇지 않은가?"
프랑스 철학자의 사망에 대해 2004년 10월 11일자 신문 1면
에 붙은 제목이다. 죽은 사람에 대해 왜 이러한 의구심이 표
현되었는지는 이유가 있었다. 그는 "진리에 대한 모든 요구는
허구"라고 단언했다. 그에게는 해석과 이의만이 중요하다.
1930년 알제리 유대인 가문에서 태어난 그는 의심과 이의를

고집하여 주위의 주목을 끌고 비판을 받았다. 한편으로 그는
분명히 천재적이고 다른 한편으로는 철학적 협잡꾼이다.

그의 중요한 철학적 시작은 텍스트의 이해를 다루면서부
터이다. 그는 읽고 경청할 때 문장, 단어, 기호로 이루어지거
나, 쓰어지거나 말해진 텍스트를 엄격하게 받아들였다. 관습
적인 이해에 따르면 이러한 기호는 내용과 의미를 전달하며
그 때문에 표시 자체(기표, signifikant)와 표시된 것(기의,
signifikat) 사이를 구분해야 한다. 그러나 기호가 기의를 1:1
로 묘사한다고 믿어서는 안 된다. 스위스 언어학자 페르디낭
드 소쉬르(1857~1913)는 언어의 모든 기호는 서로 체계를
형성한다는 것을 지적했다.

언어의 모든 기호들은 기호가 대변하는 사물에서 그 의미
를 얻는 것이 아니라 이러한 체계 내에서 서로 가지고 있는
흥미진진한 관계에서 그 의미를 얻는다. 외국어를 매우 정확
하게 모국어로 번역하려고 시도해 보았던 사람은 소쉬르의
말이 무엇을 의미하는지를 알 것이다. 많은 단어들은 다른
언어 안에서 말속에 함께 표현되는 다른 의미가 있다. 다시
말해 그것은 단어가 표시하는 사물 자체에 좌우되는 것이 아

니라 단어가 속해 있는 기본 체계, 즉 언어에 좌우되는 것이다. 20세기 철학 사조인 구조주의는 소쉬르에게서 시작된다. 구조주의의 대표자들은 텍스트 또는 구전을 내용 대신 기호 사이의 연관 관계, 즉 말한 것의 구조를 근거로 이해해야만 한다고 생각한다. 예를 들어 숨겨진 대립쌍들을 찾을 수 있다. 구조주의는 철학적 사조만은 아니다. 구조주의는 원시 종족의 신화를 연구하는 인종학(클로드 레비-스트로스), 문학(롤랑 바르트)과 정신분석(자크 라캉)에서도 영향력을 발휘하고 있다.

오늘날 '담론'이라는 단어가 지성인들이 가장 좋아하는 언어 중 하나가 된 것은 구조주의 덕분이다. 담론은(가장 중요한 해석에 따르면) 특정 시점에서 테마에 대한 생각을 이야기하는 언어적 맥락이다. 담론은 익명의 사고 방식으로, 현실을 이해한 것을 언어로 전달하는 것의 기초가 되고 인간의 의사소통을 넘어 현실에 영향을 끼친다. 결론적으로 담론은 토론과 같은 것이 아니다. 토론이라는 말이 당시 유감스럽게도 종종 담론 대신에 사용되었다. 왜냐하면 그것이 현대적인 것처럼 들리기 때문이다.

담론의 개념은 미셸 푸코(1926~1984)에게서 유래한다. 푸코는 구조주의의 영향을 받았다. 그러나 그는 텍스트의 구조에 대한 관심 이전에 텍스트의 역사적·사회적 환경을 완전히 배제시키는 구조주의를 비판했다. 푸코에게 있어서 텍스트(그리고 담론)는 폐쇄된 것이 아니라 열려 있는 것이므로 텍스트는 그 자체적으로 해석되어서는 안 된다. 담론, 텍스트는 항상 힘의 표현이고 달성 수단이다. 텍스트를 규정하는 사람은 인간과 세계에 대한 해석의 주권을 소유하고 있으며 무엇을 어떻게 말할 수 있는지 그리고 무엇을 침묵해야 하는지를 결정한다.

"모든 사회에서는 담론의 힘과 위험을 제어하고, 예측할 수 없는 결과들을 추방하는 것이 과제인 확실한 절차를 통해 담론의 생산물을 통제하고 선택하고, 조직하며 해결하는 것을 전제로 한다. 금지된 단어, 광기의 배제, 진실을 향한 의지, 이렇게 세 가지 위대한 배타 체계는 담론을 잘 표현하고 있다."

– 『담론의 질서』

푸코는 오늘날 담론에서 무엇이 억압되고 있는지 의도적이고 파괴적으로 묻는다. 또한 그는 비이성적인 것, 비인간적인 것, 통제로 인해 제한되고 견제되어야 하는 것은 무엇인지 묻는다. 그는 철학자이고 심리학자였다. 그는 광기의 역사와 그에 대한 학술적 분석과 논증에 대해 박사학위 논문을 썼다. 푸코는 자신의 이성 비판 때문에 그리고 그가 경직되고 고립된 것으로서의 구조주의를 능가했기 때문에 자크 데리다처럼 후기 구조주의자에 속한다.

데리다에게 있어서 저자와 텍스트, 독자들 사이의 경계는 유동적이다. 모든 것은 세계의 일부분이고 모든 세계는 텍스트이다. 그렇기 때문에 기호 뒤에는 유일한 저자와 유일하게 재구성될 수 있는 의미가 숨겨져 있지 않다. 기호가 우리에게 도달하는 것처럼 기호는 본래의 의미를 전혀 전달할 수 없다고 데리다는 말한다. 기호는 단지 흔적이다. 이것은 무엇을 의미하는가?

이제 소크라테스와 예수를 생각해보자. 두 사람에게서는 자필로 쓴 것은 하나도 전해지지 않는다. 우리는 그들을 문헌을 통해서만 알고 있다. 즉 소크라테스는 플라톤을 통해서 알고 있고 예수는 신약성서를 통해 알고 있다. 이러한 예들은 오래 지속되기 위해서는 말해진 것은 없어지고 글로 되어야 한다는 것을 보여 준다. 먼저 목소리는 순간의 상황과 함께 사라지고 기록되는 것을 통해 새로이 탄생하지만 변화된다. 소멸과 재탄생의 움직임은 텍스트의 독서물로 계속 이어진다. 독자는 이러한 움직임을 함께 해야 한다. 독자는 독서를 할 때 잘못된 의미를 먼저 파괴하고 파멸시켜야 한다. 그러나 텍스트를 읽을 때 동시에 의미를 다시 형성하고 구성한다. 파괴와 구성의 결합으로 해체론이 생성된다. 이것으로 데리다가 유명해졌다. 그의 사상을 토대로 특히 미국에서 해체주의가 생겨났다.

데리다는 독창적이고 그 자체가 예술 작품인 많은 작품에서 그의 해체 방법이 어떻게 작용하는지를 보여 주었다. 그는 텍스트 속의 파괴, 모순과 균열을 밝혀내고 그것들에 대해 계속 생각했다. 그는 "다른 사람의 텍스트에 익숙해진다." 다음의 예를 보자. 미국의 독립선언에 대해 어떤 사람은 '독립된' 국가라고 말한다. 그러나 독립이 선언되기 전까지 이 국가는 전혀 존재하지 않았단 말인가! 이미 국가의 이

름에서, 이미 나타난 독립선언을 통해서야 비로소 국가는 생
겨난 것이다. 이러한 자체 내 모순은 우리에게 독립이란 무
엇인지에 대해 생각하게 한다.

　데리다는 이러한 방식으로 텍스트를 다듬고 새로운 해석
을 하면서 텍스트의 의미를 바꾸어 놓았다. 시간이 흐르면서
많은 의미 전이는 해석 흔적을 남긴다. 고정된 위대함으로서
결코 존재하지 않는 진리는 연속적으로 행해지는 해석 속에
감추어지거나 밝혀진다고 말할 수 있다. 텍스트를 이해할 수
있는 독서는 결코 끝이 없다.

　　"흔적은 현존(현존하는 것)이 아니고 밝혀지며, 전이
　　되고 증명되지만 실제로 발생되지 않는 현존의 환영(환상)이
　　기 때문에 소멸은 흔적의 구조에 속한다."

-『차연(差延)』

　험담가들은 이러한 해석의 방식을 "우리는 아무것도 알
지 못하므로 모든 것을 해도 좋다"라고 돌려 표현한다. 이러
한 표현으로 데리다가 후기 구조주의처럼 포스트모더니즘

에 속한다는 것은 사실이다. 포스트모더니즘은 정신적 문화적 사조로서 혼합, 인용과 해석의 다원론을 위해 이성적이고 일관성 있는 형태와 해석의 방식을 거부한다. "Anything goes: 모든 것이 가능하다"라는 모토는 임의성으로 비난을 받았다.

의미 전이에 존재하는 원동력을 분명히 하기 위해서 데리다는 새로운 단어 différance를 창조했다. 이 단어는 '차이'라는 뜻의 différence에서 e 대신 a를 넣은 것이다. différance는 연속되는 전이와 해체를 통한 해석 과정 속에서 나타나는 차이를 의미한다(프랑스어에서 différer는 "연기하다"를 의미하며 동사의 분사형태인 'a'를 쓴 것이다).

그가 죽기 몇 년 전에 자크 데리다에 대해 촬영한 영화에서 데리다의 여자 친구는 'a'를 써넣은 différance가 프랑스어 사전에 어떻게 수용되었는지를 설명했다. 당시 데리다의 어머니에 이르기까지 모든 사람들은 행복했었다. 어머니는 "재키, 너 différence를 a를 넣어 썼니?"라고 물었다.

데리다가 말과 문자를 독단적으로 다루는 이러한 태도로 인해 우리는 말해지고 쓰인 텍스트를 비판적으로 인지하게 끔 되었다. 영원한 진실로 표현되는 진술의 타당성을 우리는 의심해 보자. 영원함은 단지 내일까지만 지속된다는 것을 우리는 오래 전부터 알고 있지 않은가?

매체의 철학자

페터 슬로터다이크
Peter Sloterdijk
1947~, 독일

1947년 독일 카를스루에서 태어났다. 뮌헨 대학에서 철학, 독문학, 역사학을 공부했으며, 함부르크 대학에서 현대 자전문학의 철학과 역사에 관한 연구로 박사학위를 받았다. 빈 조형예술아카데미 문화철학연구 소장, 제2독일 텔레비전 '철학 사중주'의 진행자로도 활동했다. 2007년 현재 카를스루 조형대학의 교수이자 총장으로 재직 중이다.

비판적 이성이 사실은 냉소적 이성에 불과하다는 신랄한 비평을 한 것으로도 유명하다. 위선적 계몽주의를 질타하면서 '뻔뻔함'을 새로운 철학적 사유 양식이자 실천 항목으로 제시했다. 이론과 명분대로 살려면 위선적이 될 수밖에 없기 때문에 바로 우리가 살고 있는 모습 그대로의 표현 양식이라 할 뻔뻔함을 발휘하면서 문제를 짚어보자는 것이다. 주요 저서로 〈냉소적 이성비판〉, 〈기포〉, 〈지구〉, 〈거품〉 등이 있다.

1980년대에 위르겐 하버마스는 사회와 도덕의 토대로서 의사소통 이성의 이념을 발전시켰다. 거의 동시에 '이성'을 다룬 한 권의 책이 출판되었다. 책의 제목은 『냉소적 이성 비판』(1983)이다. 저자는 1947년생인 페터 슬로터다이크이고 하버마스보다 한 세대 젊은 세대이며 문화철학자로서 칼스루에 조형 대학의 총장이다.

우리는 기억하고 있다. 무욕을 설파했고 자신들의 이름처럼 개와 비슷하게 시위적으로 살았던 소크라테스 제자들을 견유학파로 불렀다는 사실을. 견유학파는 개라는 뜻의 그리스어 kýon에서 유래한 것이다. 견유학파는 이론 대신 자극적인 행위를 통해 영향을 끼쳤다는 것이 슬로터다이크를 매혹시켰다.

218

이러한 견유학파적인 태도를 그는 냉소주의와 비교했다. 그는 냉소주의를 모든 것을 복잡하게 하는 계몽주의적 이성의 타락한 결과로 보았다. 웃음과 자극의 견유학파적 방법으로 그는 상이한 변종 속의 계몽주의적이고 냉소적 이성을 문제로 삼았다.

"냉소주의는 잘못 계몽된 의식이다. 그것은 계몽주의가 효과적이면서도 동시에 헛되이 연구했던 현대화된 불행한 의식이다. 이러한 의식은 더 이상 형편이 좋거나 나쁘다고 해서 그 어떤 이데올로기 비판에 의해 더 이상 비판받지 않을 것이다."

– 『냉소적 이성 비판』

비판 이론에서처럼 이 경우에도 권력이 문제이다. 이성을 냉소적으로 사용하는 사람은 현실적이고 권력을 지니고 있다.

"상황에 의해 가해지는 강제, 권력에 의해 가해지는 강제! 아는 것이 힘이다. 역시 그렇다."

- 『냉소적 이성 비판』

하버마스는 항상 권력과 권력 유지가 문제가 되고, 의사 소통의 이념은 지배에서 해방된 상호간의 도덕적 토대에서 생겨난다고 진단했다. 슬로터다이크는 그러나 비판 이론, 그리고 하버마스를 통해 계속되고 있는 비판 이론도 냉소적 이성의 계속되는 변종이라고 보았다. 그렇기 때문에 견유학파 철학자인 그는 "이성적인 사람들의 의사소통"을 포기하고 도발적이 된다. 이러한 도발적인 것에서 이성적인 사람들의 견해에는 얼마나 많은 진실이 들어있는지 보여 준다.

"왜냐하면 진실은 냉소적인 것이기 때문이다."

- 『냉소적 이성 비판』

고대 견유학파 시대와는 달리 도발은 오늘날 매체의 도움으로 매우 효과적으로 나타난다. 이것은 1999년 신문의 문예란에 대중적 철학자인 그가 쓴 생물공학에 대한 글이 실린 이후 시작된 슬로터다이크의 논쟁에서도 볼 수 있다. '인간 농장을 위한 규칙'이라는 제목으로 그는 정치 결정의 다가 오는 시대를 위해 '인간공학의 코덱스(寫本)'를 작성해야 한 다고 강조했다.

　　"미래의 인간공학은 노골적으로 유전적인 특징을 계획 하고 수립까지 하려고 하는지… 이것은 항상 그렇듯이 불분명 하고 의심스럽게 진화의 영역이 우리 앞에 펼쳐지기 시작한 질문들이다."

　　　　　　　　　　　　　　　　-『인간농장을 위한 규칙』

　　논쟁하는 동안 슬로터다이크는 몇몇 기자들의 비판적 기 사 뒤에 숨어 있는 배후 조종자로 추측한 가장 좋아하는 적 수인 하버마스가 자신을 공격하고 있다고 느꼈다. 그 스스로 는 인간공학의 코덱스를 통해 생물공학의 무한한 '수용'을 의미한 것이 아니라 생물공학의 '제한'을 의미한 것이다.
　　그의 저서에서 슬로터다이크는 인간의 문화적 생성 과정 을 자신의 관점, 즉 공간, 공 모양의 공간으로 주의 깊게 관찰했다. 『영역들』은 1998년에서 2004까지 출판된 세 권으로 된 저서의 제목으로 구, 천구라는 뜻의 그리스어 sphaīra에서 유래되었다. 1권에서는 다른 사람과의 관계에 있는 개별자의 미소구체로서 '기포'를 다룬다. 2권에서는 '지구'를 고대의 세계상에서부터 현대의 세계화까지 크고 통합된 영역으로 본다. 3권에서는 큰 전체가 파멸하여 개별 세계가 '거품'으로 압축될 때 남아 있는 것을 다룬다. 예를 들어 아파트 전체에서 각각의 독신자 아파트들은 하나의 '거품'을 형성한다. 풍부한 은유와 외래어에 거부 반응을 일으키지 않고, 삽화가 많고, 연상감이 충만하게 전개되는 이러한 분석으로 독자는 자기 자신과 자신의 삶의 세계를 흥미로운 시선으로 바라볼 수 있게 된다.

이 철학자의 마지막 저서는 세계화의 역사를 이미 완결된 과정으로 설명했다. 그의 저서는 세계화에도 불구하고 파괴할 수 없는 지역적·국소적 생활권에 자신을 맡기게끔 한다.

"삶을 배운다는 것은 현장에 있는 것을 배우는 것이다."
-『자본의 세계 공간에서』

우리에게 이것은 더 이상 도발적으로 들리지 않고 생에
매우 긍정적인 것으로 들린다.

내가 사랑하는 **철학자**

초판 1쇄 인쇄 2007년 4월 10일
초판 1쇄 발행 2007년 4월 19일

지은이 크리스티아네 슐뤼터
옮긴이 조희진
펴낸이 박승규
펴낸곳 도서출판 말글빛냄
인 쇄 삼화인쇄(주)

마케팅 최윤석
관 리 김은선 김보미
편 집 진미나

주 소 서울시 마포구 동교동 203-4 함께 일하는 사회 빌딩 301호
전 화 325-5051
팩 스 325-5771
등 록 2004년 3월 12일 제313-2004-000062호
ISBN 978-89-92114-12-7   03900
가 격 12,000원

*잘못된 책은 바꾸어 드립니다.